Edition
Psychologie

Herausgegeben von Dr. Arno Mohr

# Probabilistische Testtheorie

## Einführung mit Mathematica-Beispielen

Von

Dipl.-Math. Marco Schuchmann

R. Oldenbourg Verlag München Wien

Die Informationen in dieser Dokumentation wurden mit großer Sorgfalt erstellt. Trotzdem können Fehler nicht ausgeschlossen werden. Für fehlerhafte Angaben und deren Folgen werden weder juristische Verantwortung noch irgendeine Haftung übernommen. Für eine Mitteilung eventueller Fehler ist der Autor dankbar.

e-mail: silvia0806@aol.com oder m.schuchmann@t-online.de

**Die Deutsche Bibliothek - CIP-Einheitsaufnahme**

**Schuchmann, Marco:**
Probabilistische Testtheorie : Einführung mit Mathematica-Beispielen / von Marco Schuchmann. – München ; Wien : Oldenbourg, 1999
(Edition Psychologie)
ISBN 3-486-25268-2


Rosenheimer Straße 145, D-81671 München
Telefon: (089) 45051-0, Internet: http://www.oldenbourg.de



Gedruckt auf säure- und chlorfreiem Papier
Gesamtherstellung: WB-Druck, Rieden

ISBN 3-486-25268-2

# 0. Einleitung

Dieses Buch widmet sich der probabilistischen Testtheorie, die ihren Ursprung in der Psychologie hat. Im Gegensatz zur klassischen Testtheorie, die im wesentlichen auf der Varianzanalyse, Regressionsanalyse und Korrelationsrechnung basiert und die von quantitativen Daten ausgeht, geht man bei der probabilistischen Testtheorie von qualitativen Daten aus. Die probabilistische Testtheorie ist demnach besonders zum Einsatz in der empirischen Psychologie, Sozialwissenschaften oder in der Marktforschung geeignet, da die hier anfallenden Daten meistens nur qualitativer Natur sind.

Da bei den Modellen zur Analyse qualitativer Daten häufig viele Parameter zu schätzen sind, wobei nichtlineare Gleichungssysteme zu lösen sind, war eine Anwendung diese Modelle in der Vergangenheit nur mit speziellen Softwareprodukten möglich. Hierbei standen diese bei den meisten Statistik Systemen erst gar nicht zur Verfügung. Im Zeitalter der Computeralgebrasysteme ist es nun möglich, die Modelle und Methoden, die damals entwickelt wurden einfach anzuwenden. Ich stelle aus diesem Grund nicht nur die Theorie dar, sondern biete auch Lösungsansätze mit dem Computeralgebrasystem Mathematica, so daß diese Modelle in der empirischen Psychologie relativ einfach eingesetzt werden können. Das Buch ist aber auch für die Personen gedacht, die diese Modelle bereits verstehen und elegant nachvollziehen möchten.

Das Rasch Modell, welches wir in diesem Buch genauer betrachten und welches ein grundlegendes Modell der probabilistischen Testtheorie ist, wurde in den Jahren 1957 und 1960 von Georg Rasch und Allan Birnbaum entwickelt, aber erst später, durch die Publikation zweier Bücher verbreitet [1], [2]. Seit 1974 stellte aber ein weiteres Buch von Fischer [3] den europäischen Standard dar. Es hatte aber lange gedauert, bis sich diese Modelle durchsetzten. In der angelsächsischen Literatur wird die probabilistische Testtheorie „Item Response Theorie“ oder auch „Latent Trait Theorie“ genannt.

Der Grundgedanke dieser Theorie ist der, daß manifeste Verhaltensmerkmale einer Person auf eine oder auch mehrere latente Eigenschaften zurückzuführen sind. Das „Messen" dieser Eigenschaft wird durch Tests (psychologische, nicht statistische Tests) realisiert. Das Messen von Eigenschaften hat auch in der Soziologie Tradition. Aber auch in der Ökonomie treten ähnliche Problemstellungen auf.

Ich möchte mich an dieser Stelle noch bei Herrn Dipl.-Math. Werner Sanns für die Anregungen und Hinweise bedanken. Außerdem möchte ich mich noch bei meiner Frau Silvia bedanken.

Marco Schuchmann

# Inhalt

# 1 Elementare Untersuchungen

## 1.1 Die Itemscorematrix

Die Itemscorematrix $A = (a_{vi})_{v=1,\dots,n;i=1,\dots,k}$ erfaßt das Antwortverhalten von n Personen bei einem Test mit k Items (Aufgaben). Dabei stellt der Antwort-Vektor $\bar{a}_v$ der v-ten Person die v-te Zeile in dieser Matrix dar. Als „Test" ist an dieser Stelle nicht ein statistischer Test gemeint, sondern ein Test im Sinne der Terminologie der Psychologen bzw. Sozialwissenschaftler. Dabei könnte es sich z.B. um einen Intelligenztest handeln oder auch um einen Test, in dem spezielle Persönlichkeitsmerkmale der Testpersonen untersucht werden sollen. Wir gehen bei allen Betrachtungen in diesem Buch von einer dichtomen Itemscorematrix aus, d.h., $a_{vi} \in \{0;1\}$. Die Elemente $a_{vi}$ sind als Realisierungen von dichtomen Zufallsvariablen $A_{vi}$ anzusehen. In Bezug auf den Test heißt dies, wir interessieren uns bei jeder Aufgabe i nur dafür, ob diese von der Person v gelöst wurde (dann setze wir $a_{vi} = 1$), oder ob diese nicht gelöst wurde (dann setze wir $a_{vi} = 0$). Ich spreche in diesem Zusammenhang immer von „gelöst" auch wenn es sich natürlich, wie beschrieben, um einen Test in Bezug auf Persönlichkeitsmerkmale handeln könnte. Werden bei einem Test bei jeder Aufgabe Punkte vergeben, so kann die daraus resultierende Itemscorematrix durch Dualisierung jeder Variable in eine dichotome Matrix überführt werden. Man rekodiert dabei bei jeder Aufgabe derart, daß ab einer gewissen Punktzahl einer Person v bei einer Aufgabe i $a_{vi}$ auf 1 und sonst auf Null gesetzt wird. 1 heißt dann hohe Punktzahl und 0 niedrige Punktzahl. In der Testtheorie wird davon ausgegangen, daß die manifeste Testleistung einer Person v von deren latenter Eigenschaft $\xi_v$ und von der „Schwierigkeit" der i-ten Aufgabe (des i-ten Items) abhängt. Unsere Aufgabe wird es später sein, diese Parameter über die Itemscorematrix A zu schätzen.

Ich gehe in den meisten Beispielen von der folgenden Itemscorematrix A aus. Im praktischen Fall sollten natürlich mehr Beobachtungen und Items vorliegen, gerade weil auch später im Rahmen des Kapitels über das Raschmodell Konfindenzintervalle und statistische Tests mit asymptotischen Verteilungen durchgeführt werden. Zur Veranschaulichung der Verfahren verwende ich aber, wie in meinen andern Büchern, kleine Beispieldatensätze, damit diese von den Lesern einfach nachzuvollziehen sind.

$$\begin{pmatrix} 1 & 1 & 1 & 0 \\ 1 & 0 & 1 & 0 \\ 1 & 0 & 0 & 1 \\ 0 & 1 & 1 & 0 \\ 1 & 0 & 0 & 0 \\ 0 & 0 & 1 & 0 \\ 0 & 1 & 1 & 1 \\ 1 & 0 & 0 & 1 \\ 0 & 1 & 0 & 0 \\ 1 & 0 & 1 & 1 \\ 0 & 0 & 0 & 1 \\ 1 & 0 & 0 & 0 \end{pmatrix}$$

Wie zu sehen ist, wurde keine der Aufgaben (Items) von allen Personen gelöst und es gibt auch keine Person, die alle Aufgaben gelöst hat. Wir werden später sehen, daß es beim Rasch Modell sinnvoll ist, alle Spalten bzw. alle Zeilen zu eliminieren, die nur Einsen enthalten.

Die Zeilensummen bzw. Spaltensummen von A werden wie folgt bezeichnet. Dabei gibt es für die Zeilensumme zusätzlich die Bezeichnung $r_v$. Diese Bezeichnung werden wir später öfters für die Anzahle der von der Person v gelösten Aufgaben verwenden.

$$r_v = a_{vo} = \sum_i a_{vi} \quad \text{für } v = 1, 2, \ldots, n$$

$$\text{bzw. } a_{oi} = \sum_v a_{vi} \quad \text{für } i = 1, 2, \ldots, k$$

Definition in Mathematica und Ausgabe:

```
A= {{1, 1, 1, 0},
  {1, 0, 1, 0}, {1, 0, 0, 1}, {0, 1, 1, 0},
  {1, 0, 0, 0}, {0, 0, 1, 0}, {0, 1, 1, 1},
 {1, 0, 0, 1}, {0, 1, 0, 0},
  {1, 0, 1, 1}, {0, 0, 0, 1}, {1, 0, 0, 0}};
A// MatrixForm
```

Ich beziehe mich bei meinen Mathematica Beispielen immer auf die obere Matrix, außer bei der Beschreibung der Parameterschätzung mit der Methode der unbedingten und bedingten Maximum Likelihood (ML) Schätzung beim Rasch Modell. In diesem Fall werden von mir die verwende Matrizen in den Beispielen mit Mathematica nochmals explizit angegeben. Sie sollten von Mathematica die Version 3.x zur Verfügung haben.

## 1.2 Schätzen

Man steht im praktischen Fall oft vor dem Problem, daß die Verteilung der Daten bekannt ist, daß aber die Parameter oder ein Parameter der Daten unbekannt ist. Man muß in diesem Fall die/den Parameter schätzen.
Dabei gehen wir zunächst von einer Stichprobe $x_1,\dots,x_n$ aus, die aus Realisierungen von n Zufallsvariablen $X_1,\dots,X_n$ besteht. Diese Zufallsvariablen seien unabhängig und identisch verteilt, wobei die Verteilung bekannt ist. Die Verteilung sei von einem unbekannten Parameter $\theta$ abhängig. Dieser Parameter wird nun anhand der Stichprobe mit Hilfe der Funktion (Schätzfolge, Schätzfunktion) $T: \mathbb{R}^n \to \mathbb{R}$ geschätzt.

Für den Schätzer $\hat{\theta}$ von $\theta$ gilt: $T(x_1, \dots, x_n) = \hat{\theta}$.

Gibt es k unbekannt Parameter (bzw. einen unbekannten Parametervektor $\bar{\theta} \in \mathbb{R}^k$), die zu schätzen sind, so ist die Schätzfunktion eine Abbildung von $\mathbb{R}^n \to \mathbb{R}^k$.

Es gibt mehrere Möglichkeiten um Parameter zu schätzen, von denen ich aber nur eine verwende und aus diesem Grund kurz vorstelle. Kommen wir zunächst zu den Eigenschaften von Schätzern.

### 1.2.1 Eigenschaften von Schätzern

Schätzer haben nun bestimmt Eigenschaften, mit denen man Aussagen über die Güte der Schätzung machen kann. Zwei wichtige solcher Eigenschaften werden in den folgenden Definitionen beschrieben.

Definition (Erwartungstreue):
Ein Schätzer $\hat{\theta}$ des Parameters $\theta$ heißt erwartungstreu, falls gilt $E(\hat{\theta}) = \theta$.
Dabei ist E der Erwartungswert.

Bemerkung:
Ist ein Schätzer nicht erwartungstreu, so sagt man, der Schätzer hat einen Bias, der wie folgt definiert ist: $E(\hat{\theta}) - \theta$.

Die Güte eines Schätzers wird durch $E((\hat{\theta} - \theta))^2 = Var(\hat{\theta})$ beschrieben.

Gilt: $\lim_{n\to\infty} (E(\hat{\theta})) = \theta$, so heißt der Schätzer $\hat{\theta}$ asymptotisch erwartungstreu.

Definition (Konsistenz):
Ein Schätzer $\hat{\theta}$ des Parameters $\theta$ heißt konsistent, wenn für alle $\varepsilon > 0$ gilt:

$$\lim_{n\to\infty} P(|\hat{\theta} - \theta| \geq \varepsilon) = 0$$

Bemerkung:
Man kann zeigen, daß ein erwartungstreuer Schätzer $\hat{\theta}$ konsistent ist, falls gilt: $\lim_{n\to\infty} (Var(\hat{\theta})) = 0$

Ein Schätzer heißt effizient, falls er von allen Schätzern die kleinste Varianz besitzt.

## 1.2.2 Maximum Likelihood Schätzung

Wir gehen nun von den gleichen Voraussetzungen wie in 2.2.1 aus und definiere die Likelihoodfunktion

im stetigen Fall:

$$L(x_1, \ldots, x_n, \vec{\theta}) := \prod_{i=1}^{n} f_{\vec{\theta}}(x_i)$$

dabei ist f die Dichtefunktion der Zufallsvariable $X_i$

Im diskreten Fall (dieser ist für uns von besonderem Interesse) gilt:

$$L(x_1, \ldots, x_n, \vec{\theta}) := \prod_{i=1}^{n} P_{\vec{\theta}}(X_i = x_i)$$

Der Schätzer $\hat{\vec{\theta}}$ von $\vec{\theta}$ wird nun derart bestimmt, daß

$L(x_1, \ldots, x_n, \hat{\vec{\theta}}) \geq L(x_1, \ldots, x_n, \tilde{\vec{\theta}})$

für alle Parameter $\hat{\vec{\theta}}$ aus dem Parameterraum ($\subseteq \mathbb{R}^k$).

Bemerkung:
Oft wird die Likelihoodfunktion logarithmiert und danach maximiert. Dadurch vereinfacht sich in vielen Fällen die Gleichung für $\vec{\theta}$.

Beispiel:
Bei einem Test mit k Aufgaben (Items) sei die Wahrscheinlichkeit dafür, daß die Person v ein Item löst gegeben durch $\theta$. Wir gehen nun von der Annahme aus, daß das Lösen der Aufgabe $i_1$ unabhängig vom Lösen der Aufgabe $i_2$ sein soll (es dürfen also u.a. keine Aufgaben aufeinander aufbauen). Die Wahrscheinlichkeit dafür, daß diese Person eine Aufgabe nicht löst ist ergo

1-θ. Wir möchten nun θ mit Hilfe des Antwortvektors $\bar{a}_v = (a_{v1}, \ldots, a_{vk})^t$ der Person v schätzen. Dabei sei $r_v = \sum_{i=1}^{k} a_{vi}$ die Anzahl der von der Person v gelösten Aufgaben. Es gilt:

$$P(A_{vi} = a_{vi}) = \theta^{a_{vi}} (1-\theta)^{1-a_{vi}}$$

Also ergibt sich die folgende Likelihood-Funktion L:

$$\begin{aligned} L(\bar{a}_v, \theta) &= P_\theta(\bar{A}_v = \bar{a}_v) \\ &= \prod_{i=1}^{k} P_{\bar{\theta}}(A_{vi} = a_{vi}) = \prod_{i=1}^{k} \theta^{a_{vi}} (1-\theta)^{1-a_{vi}} = \theta^{r_v} (1-\theta)^{k-r_v} \end{aligned}$$

Wir suchen nun das Maximum der Likelihoodfunktion mit Hilfe der üblichen Methoden der Analysis:

$$\begin{aligned} L'(\bar{a}_v, \theta) = 0 &\Leftrightarrow r_v\theta^{-1} - (k-r_v)(1-\theta)^{-1} = 0 \\ &\Leftrightarrow r_v\theta^{-1}(1-\theta) = k-r_v \\ &\Leftrightarrow -r_v + r_v\theta^{-1} = k-r_v \\ &\Leftrightarrow r_v\theta^{-1} = k \end{aligned}$$

Also: $\hat{\theta} = \frac{r_v}{k}$

Dieses Ergebnis ist plausibel, denn die Wahrscheinlichkeit dafür, daß eine Personen v $r_v$ Aufgaben löst, wird über den Anteil der von dieser Person gelösten Aufgaben im Test geschätzt. Damit dies auch wirklich das Maximum ist, muß natürlich $L''(\bar{a}_v, \hat{\theta}) < 0$ gelten. Auf den Nachweis dafür verzichten wir an dieser Stelle.

Wir wollen nun mit Mathematica ein solches Beispiel durchrechnen. Dabei bezeichnen wir mit a den Antwortvektor einer Person:

```
Needs["Statistics`Master`"]

a = {1, 1, 1, 0, 1, 0, 0, 1, 0, 1, 0, 1}
```

```
p[θ_] := θ^r (1 - θ)^(n-r)

L[θ_] := p[θ]

r= Count[a,1]

7

n = Length[a]

12

Solve[D[L[θ], θ] == 0, θ]
```

$$\left\{\{\theta \to 0\}, \{\theta \to 0\}, \{\theta \to 0\}, \{\theta \to 0\}, \{\theta \to 0\}, \{\theta \to 0\}, \left\{\theta \to \frac{7}{12}\right\}, \{\theta \to 1\}, \{\theta \to 1\}, \{\theta \to 1\}, \{\theta \to 1\}\right\}$$

Der Schätzer für den Parameter ist demnach $\hat{\theta} = 7/12$.

**Bemerkung:**
Maximum Likelihood Schätzer sind asymptotisch (d.h. für $n \to \infty$ ) normalverteilt.

### 1.2.3 Erschöpfende Statistiken

Wir haben bereits gezeigt, daß die Wahrscheinlichkeit dafür, daß eine Person bei k Items (Aufgaben) den Antwortvektor $\bar{a}_v$ mit $r_v$ gelösten Antworten aufweist, gleich

$$L(\bar{a}_v, \theta) = P_\theta(\bar{A}_v = \bar{a}_v) = \theta^{r_v}(1-\theta)^{k-r_v}$$

ist. Danach haben wir den Maximum Likelihood Schätzer $\hat{\theta}$ für den unbekannten Parameter bestimmt und es ergab sich:

$$\hat{\theta} = \frac{r_v}{k}$$

Dieses Ergebnis ist insofern verblüffend, da als einzige Information zur Berechnung des Schätzers die Anzahl der gelösten (und natürlich die Gesamtzahl aller Aufgaben) eingeht. Die in dem Lösungsvektor $\bar{a}_v$ der Person v enthaltene Information wird somit auf die Anzahl der Lösungen reduziert.

Definition:
Gegeben sei ein Zufallsvektor $\vec{a}$ als Realisierung des Zufallsvektors $\vec{A}$, dessen Verteilungsfunktion den Parameter θ enthält. Dann heißt R erschöpfende Statistik für den Parameter θ, wenn gilt:

$$P(\vec{A} = \vec{a} \mid R = r, \theta) = \frac{P(\vec{A} = \vec{a} \wedge R = r \mid \theta)}{P(R = r \mid \theta)} \text{ ist unabhängig von } \theta.$$

Man kann nach dem „Faktorisierungstheorem der erschöpfenden Statistik" zeigen, daß R genau dann eine erschöpfende Statistik für den Parameter θ ist, falls sich die Wahrscheinlichkeit wie folgt in ein Produkt zerlegen läßt:

$P(\vec{A} = \vec{a}|\theta) = \mathrm{u}(\vec{a},\mathrm{r})\ \mathrm{w}(\mathrm{r},\theta)$

Im Beispiel aus 2.2.2:

$$P(\vec{A}_\nu = \vec{a}_\nu | r_\nu, k, \theta) = \frac{P(\vec{A} = \vec{a} \wedge R_\nu = r_\nu | \theta, k)}{P(R_\nu = r_\nu | \theta, k)} = \frac{\theta^{r_\nu}(1-\theta)^{k-r_\nu}}{\binom{k}{r_\nu}\theta^{r_\nu}(1-\theta)^{k-r_\nu}} = \frac{1}{\binom{k}{r_\nu}}$$

ist unabhängig von θ.

## 1.3 Die Item Charakteristik

Wir gehen beim Rasch Modell davon aus, daß die Wahrscheinlichkeit dafür, daß eine Person die i-te Aufgabe löst, von einer latenten, nicht bekannten Fähigkeit $\xi \in \mathbb{R}$ (die Fähigkeit wird als stetig veränderbare Größe angesehen), abhängt. Der Schwierigkeitsparameter (Itemparameter) der Aufgabe i sei $\sigma_i$ ($\in \mathbb{R}$). Die Wahrscheinlichkeit dafür, daß eine Person mit der Fähigkeit $\xi$ die Aufgabe i löst, wird als Itemcharakteristik $f_i$ bezeichnet.

Es gilt: P(Aufgabe i wird gelöst | $\xi$, $\sigma_i$) = $f_i(\xi)$

Es muß natürlich $f_i$ eine monoton wachsende Funktion sein, denn mit steigender Fähigkeit $\xi$ muß natürlich die Wahrscheinlichkeit dafür ansteigen, daß die i-te Aufgabe gelöst wird. Außerdem muß gelten:

$$\lim_{\xi \to -\infty} f_i(\xi) = 0 \text{ und } \lim_{\xi \to \infty} f_i(\xi) = 1$$

Man könnte nun beliebige Itemcharakteristiken finden, die diesen Bedingungen genügen. Wir betrachten aber nur diese des Rasch Modells genauer. Im Rasch Modell werden die Itemcharakteristiken über logistische Funktionen definiert:

$$\boxed{f_i(\xi) = \frac{e^{\xi - \sigma_i}}{1 + e^{\xi - \sigma_i}}}$$

Die Wahrscheinlichkeiten dafür, daß die v-te Person (für v = 1, 2, ..., n) die Aufgabe i (für i = 1, 2, ..., k) löst, ergibt sich dann durch:

$$P(A_{vi} = 1 \mid \xi_v, \sigma_i) = f_i(\xi_v) = \frac{e^{\xi_v - \sigma_i}}{1 + e^{\xi_v - \sigma_i}}$$

bzw. $P(A_{vi} = 0 \mid \xi_v, \sigma_i) = 1 - f_i(\xi_v) = \dfrac{1}{1 + e^{\xi_v - \sigma_i}}$

Wir zeichnen nun mit Mathematica eine Itemcharakteristik für ein Item i mit $\sigma_i = 0$. Die Eulersche Zahl e = 2.718... wird in Mathematica entweder mit einem großen E, oder mit einem e wie unten dargestellt. Das e in der unteren Funktion erhalten Sie, indem Sie die Escape-Taste drücken, danach müssen Sie zwei mal „e" drücken und nochmals Escape.

$$f[\xi\_] := \frac{e^{(\xi-\sigma)}}{1 + e^{(\xi-\sigma)}}$$

```
Plot[f[ξ] /. {σ -> 0}, {ξ, -4, 4}]
```

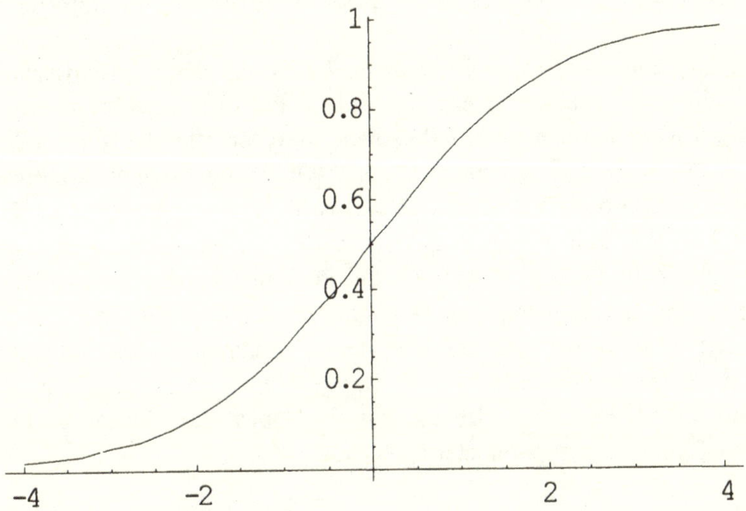


Wie die obere Grafik zeigt, löst eine Person v mit dem Fähigkeitsparameter $\xi_v = 0$ das entsprechende Item (welches die Schwierigkeit $\sigma_i = 0$ aufweist) mit einer Wahrscheinlichkeit von 50%. Dies gilt auch allgemein für jedes beliebige Item i, falls die Differenz $\xi_v - \sigma_i = 0$ ist. Je größer die Differenz $\xi_v - \sigma_i$ ist, um so größer ist die Wahrscheinlichkeit, daß die Person v des Item i löst. Bei genauerer Betrachtung fällt außerdem auf, daß die Skala für die beiden Parameter nur bis auf Addition mit einer reellen Zahl eindeutig ist. Transformiert man die Skala, indem man zu den Fähigkeitsparametern und zu den Schwierigkeitsparametern eine (feste) reelle Zahl a addiert (d.h. man bildet $\xi + a$ und $\sigma_i + a$), so hat dies keinen Einfluß auf die Differenz $\xi + a - (\sigma_i + a) = \xi - \sigma_i$. Aus diesem Grund ist es üblich, die Parameter derart zu normieren, daß z.B. $\sigma_1 = 0$ ist. Es werden dann neue (transformierte) Parameter $\sigma_i' = \sigma_i - \sigma_1$ und $\xi_v' = \xi_v - \sigma_1$ berechnet.

Für die Parameterschätzung im Rasch Modell werden die Parameter wie folgt transformiert:

$$\theta_v = e^{\xi_v} \text{ und } \varepsilon_i = e^{-\sigma_i}$$

Bei dieser streng monotonen Transformation gehen wir zu einer Verhältnisskala über. Der Wertebereich dieser transformierten Parameter ist nun $\mathbb{R}^+$.

Wir werden später beim Rasch Modell die Items aus der Itemscorematrix streichen, die von keiner oder von allen Personen gelöst wurden. Entsprechend werden wir auch alle Personen streichen, die alle Items gelöst oder alle Items nicht gelöst haben. Theoretisch würde für eine konkretes Item i gelten, daß von allen Personen gelöst wurde: $\varepsilon_i = \infty$ ($\Rightarrow \sigma_i = -\infty$). Für ein Item i, daß von keiner Person gelöst wurde, gilt: $\varepsilon_i = 0$ ($\Rightarrow \sigma_i = \infty$). Analoges gilt für die Personenparameter der Personen v, die alle bzw. keine Aufgabe(n) gelöst hat: $\theta_v = \infty$ ($\Rightarrow \xi_v = \infty$) bzw. $\theta_v = 0$ ($\Rightarrow \xi_v = -\infty$).

Wie Sie sehen, muß bei den transformierten Itemparametern aufgepaßt werden, denn hier gilt nun, je größer $\varepsilon_i$, um so größer ist die Wahrscheinlichkeit, daß das i-te Item gelöst wird, aber um so keiner wird der zurück-transformierte Itemparameter $\sigma_i = -\ln(\varepsilon_i)$.

Die transformierten Parameter sind natürlich auch nur bis auf Multiplikation bzw. Division mit einer Zahl $a \neq 0$ eindeutig, denn für $\theta_v$ a und $\varepsilon_i / a$ ist das Produkt $(\theta_v a)(\varepsilon_i / a) = \theta_v \varepsilon_i$. Hier sollte also auch normiert werden, so daß z. B. gilt: $\theta_1 = 1$. Es müßte wie folgt transformiert werden: $\theta_v' = \theta_v/\theta_1$ und $\varepsilon_i' = \varepsilon_i \theta_1$.

Die Wahrscheinlichkeiten dafür, daß die v-te Person die Aufgabe i löst bzw. nicht löst ergibt sich dann durch:

$$P(A_{vi} = 1 \mid \theta_v , \varepsilon_i) = \frac{\theta_v \varepsilon_i}{1+\theta_v \varepsilon_i}$$

bzw.

$$P(A_{vi} = 0 \mid \theta_v , \varepsilon_i) = 1 - P(A_{vi} = 1 \mid \theta_v , \varepsilon_i) = \frac{1}{1+\theta_v \varepsilon_i}$$

Oder Allgemein:

$$P(A_{vi} = a_{vi} \mid \theta_v , \varepsilon_i) = \frac{(\theta_v \varepsilon_i)^{a_{vi}}}{1+\theta_v \varepsilon_i}$$

Für den Erwartungswert gilt somit:

$$E(A_{vi} \mid \theta_v , \varepsilon_i)) = 1 * P(A_{vi} = 1 \mid \theta_v , \varepsilon_i) + 0 * P(A_{vi} = 0 \mid \theta_v , \varepsilon_i) = \frac{\theta_v \varepsilon_i}{1+\theta_v \varepsilon_i}$$

Und für die Varianz:

$$\begin{aligned} Var(A_{vi} \mid \theta_v , \varepsilon_i)) = {} & (1- E(A_{vi}) )^2 \; * P(A_{vi} = 1 \mid \theta_v , \varepsilon_i) + \\ & (0 \; E(A_{vi}) )^2 \; * P(A_{vi} = 0 \mid \theta_v , \varepsilon_i) = \frac{\theta_v \varepsilon_i}{(1+\theta_v \varepsilon_i)^2} \end{aligned}$$

Für die Wahrscheinlichkeit dafür, das eine konkrete Itemscorematrix A auftritt gilt demnach:

$$L(A, \vec{\theta}, \vec{\varepsilon}) = P(A \mid \vec{\theta}, \vec{\varepsilon}) = \prod_{v=1}^{n} \prod_{i=1}^{k} \frac{(\theta_v \varepsilon_i)^{a_{vi}}}{1+\theta_v \varepsilon_i} = \frac{\prod_v \theta_v^{a_{v()}} \prod_i \varepsilon_i^{a_{()i}}}{\prod_v \prod_i (1+\theta_v \varepsilon_i)}$$

Die obere Likelihood-Funktion wird bei der unbedingten Maximum Likelihood (ML) Schätzung im Raschmodell verwendet.

Für die Wahrscheinlichkeit dafür, daß irgendeine Matrix A mit den Randsummen $a_{vo}$ und $a_{0i}$ auftritt, gilt:

$$P( a_{vo} , a_{0i} \mid \bar{\theta},\bar{\varepsilon} ) = K(a_{vo} , a_{0i}) \frac{\prod_v \theta_v^{a_{v0}} \prod_i \varepsilon_i^{a_{0i}}}{\prod_v \prod_i (1+\theta_v \varepsilon_i)}$$

Dabei ist $K(a_{vo},a_{0i})$ die Anzahl aller Matrizen mit den gegebenen Randsummen $a_{vo}$ und $a_{0i}$.

Außerdem gilt:

$$P( A \mid a_{vo} , a_{0i} , \bar{\theta},\bar{\varepsilon} ) = P(A \wedge (a_{vo} , a_{0i}) \mid \bar{\theta},\bar{\varepsilon} ) \;/\; P(a_{vo} , a_{0i} \mid \bar{\theta},\bar{\varepsilon} ) \;= K^{-1}(a_{vo},a_{0i})$$

## 1.4 Spezifische Objektivität

Eine Eigenschaft des Raschmodells ist die sogenannte spezifische Objektivität, die besagt, daß man die Fähigkeiten $\xi_v$ und $\xi_w$ zweier Personen v und w unabhängig von der gewählten Aufgabe i vergleichen kann. Dies steht in Analogie dazu, daß auch die Aufgabenparameter (Schwierigkeitsparameter) $\sigma_i$ unabhängig vom gewählten Personenkreis geschätzt werden können (Stichprobenunabhängigkeit), d.h., daß bei verschiedenen Populationen, sich die gleichen Parameter für die Aufgaben ergeben (natürlich werden die jeweiligen Schätzer entsprechend „zufällig" voneinander abweichen).

Die spezifische Objektivität im Raschmodell läßt sich durch folgende Betrachtung verdeutlichen:

Definiert man die logit Funktion als Umkehrfunktion der logistischen Funktion:

$$\text{logit}(x) := \ln\left(\frac{x}{1-x}\right),\ x \in (0;1)$$

so gilt:

$$\text{logit}(f_i(\xi_v)) - \text{logit}(f_i(\xi_w)) = (\xi_v - \sigma_i) - (\xi_w - \sigma_i) = \xi_v - \xi_w$$

Man kann somit $\xi_v$ und $\xi_w$, unabhängig von der Schwierigkeit der Aufgabe untersuchen. Es kann demnach bei Gültigkeit des Raschmodells die Fähigkeit von zwei Personen unabhängig von der Aufgabe verglichen werden.

## 1.5 Stichprobenunabhängigkeit

Eine Eigenschaft des Modells von Rasch ist, daß die Schwierigkeitsparameter der Aufgaben unabhängig von den Personen sind, die die Aufgaben gelöst bzw. nicht gelöst haben. D.h. man erhält bei verschiedenen Personengruppen die gleichen Schwierigkeitsparameter für die Aufgaben. Diese Eigenschaft findet man in der angewandten Psychologie unter dem Namen Reliabilität.

Wir vergleichen nun zunächst die Antworten auf 2 Items i und j einer Person v mit der Fähigkeit $\theta_v$. Dabei gilt:

Die Wahrscheinlichkeit, daß diese Person die erste Aufgabe löst (O.B.d.A. sei i = 1) und die zweite nicht löst, ist gleich:

$$P(\vec{A} = (1\ 0)^t \mid \theta_v, \varepsilon_i) = P(A_{vi} = 1 \mid \theta_v, \varepsilon_i)\, P(A_{vj} = 0 \mid \theta_v, \varepsilon_i)$$
$$= \frac{\theta_v \varepsilon_i}{1 + \theta_v \varepsilon_i} \frac{1}{1 + \theta_v \varepsilon_j} = \frac{\theta_v \varepsilon_i}{(1 + \theta_v \varepsilon_i)(1 + \theta_v \varepsilon_j)}$$

Analog gilt für die Wahrscheinlichkeit, daß diese Person die erste Aufgabe nicht löst und die zweite löst, ist gleich:

$$P(\vec{A} = (0\ 1)^t \mid \theta_v, \varepsilon_i) = P(A_{vi} = 0 \mid \theta_v, \varepsilon_i)\, P(A_{vj} = 1 \mid \theta_v, \varepsilon_i)$$
$$= \frac{1}{1 + \theta_v \varepsilon_i} \frac{\theta_v \varepsilon_j}{1 + \theta_v \varepsilon_j} = \frac{\theta_v \varepsilon_j}{(1 + \theta_v \varepsilon_i)(1 + \theta_v \varepsilon_j)}$$

Möchte man nun die Wahrscheinlichkeit dafür bestimmen, daß eine Person die erste Aufgabe löst, unter der Bedingung, daß sie mindestens eine Aufgabe löst, so ergibt sich:

$$P(\vec{A}=(1\ 0)^t|R_v=1,\theta_v,\varepsilon_i)=\frac{P(\bar{A}=(1{,}0)|\text{entweder i oder j gelöst},\theta_v,\varepsilon_i,\varepsilon_j)}{P(\bar{A}=(1{,}0)|\theta_v,\varepsilon_i,\varepsilon_j)+P(\bar{A}=(1{,}0)|\theta_v,\varepsilon_i,\varepsilon_j)}$$

$$=\frac{\dfrac{\theta_v\varepsilon_i}{(1+\theta_v\varepsilon_i)(1+\theta_v\varepsilon_j)}}{\dfrac{\theta_v\varepsilon_i}{(1+\theta_v\varepsilon_i)(1+\theta_v\varepsilon_j)}+\dfrac{\theta_v\varepsilon_j}{(1+\theta_v\varepsilon_i)(1+\theta_v\varepsilon_j)}}$$

$$=\frac{\varepsilon_i}{\varepsilon_i+\varepsilon_j}$$

Diese Wahrscheinlichkeit ist nun unabhängig von der Fähigkeit $\theta_v$ .

Analog gilt:

$$P(\vec{A}=(0\ 1)^t\,|R_v=1,\,\theta_v\,,\,\varepsilon_i)=\frac{\varepsilon_j}{\varepsilon_i+\varepsilon_j}$$

## 1.6 Stochastische und lokale stochastische Unabhängigkeit

Die lokale stochastische Unabhängigkeit im Rasch Modell besagt, daß das Ereignis, daß eine Person v mit der Fähigkeit $\xi_v$ die Aufgabe i löst, unabhängig davon ist, daß diese die Aufgabe j löst (oder gelöst hat).

Die lokale stochastische Unabhängigkeit ist in der Literatur zum Rasch Modell wie folgt definiert:

$$P(A_{vi} = 1 \text{ und } A_{vj} = 1 \mid \xi_v) = P(A_{vi} = 1 \mid \xi_v)\, P(A_{vj} = 1 \mid \xi_v)$$

Natürlich wird eine Person, die intelligent ist, viele Aufgaben lösen. Dies ist der Grund, warum die Items untereinander korrelieren. Könnte man jedoch den Einfluß der Fähigkeit durch Partialkorrelation eliminieren, dann würde die Korrelation zwischen den zwei Items i und j verschwinden, sofern das Modell von Rasch gilt.

Die lokale stochastische Unabhängigkeit im Rahmen des Rasch Modells folgt aus der stochastische Unabhängigkeit der beiden Zufallsvariablen $A_{vi}$ und $A_{vj}$, die allgemein in der Wahrscheinlichkeitstheorie wie folgt definiert ist:

$$P(A_{vi} = a_{vi} \text{ und } A_{vj} = a_{vj} \mid \xi_v) = P(A_{vi} = a_{vi} \mid \xi_v)\, P(A_{vj} = a_{vj} \mid \xi_v)$$

Hier würden sich 4 Gleichungen ergeben, die zu prüfen wären. Die stochastische Unabhängigkeit kann mit dem Chi-Quadrat Test auf Unabhängigkeit überprüft werden, den ich im Buch „Statistik mit Mathematica; Schuchmann, Sanns“ dargestellt und in Mathematica mit Herrn Dipl.-Math. Werner Sanns programmiert habe.

## 1.7 Vergleich zweier Aufgaben

In diesem Kapitel möchte ich zwei Aufgaben vergleichen und die Hypothese testen, daß beide gleich schwer sind. Dies ist mit dem Test von McNemar möglich. Dieser überprüft, ob die Kontingenztafel

| | 2. Item | |
|---|---|---|
| 1. Item | **ja** | **nein** |
| ja | $p_{11}$ | $p_{12}$ |
| nein | $p_{21}$ | $p_{22}$ |

symmetrisch bezüglich der Hauptdiagonalen ist. Die obere Kontingenztafel enthält die Wahrscheinlichkeiten (z.B. $p_{12}$ ist die Wahrscheinlichkeit dafür, daß eine Person bei der ersten Aufgabe löst und die zweite nicht). Im konkreten Fall berechnen wir später die Kontingenztafel, die die absoluten Häufigkeiten $n_{ij}$ (die wir im Programm mit a, b, c und d bezeichnen) der Ausprägungskombinationen der Stichprobe enthält.
Wir testen mit dem Test nach McNemar die Hypothesen:

Nullhypothese: $p_{12} = p_{21}$

gegen

Alternativhypothese: $p_{12} \neq p_{21}$

Wir führen diesen Test nun mit Mathematica für die Items 1 und 2 der Datenmatrix A (aus dem Kapitel 1.1) durch.

```
Item[1] = ColumnTake[A, 1] // Flatten
{1, 1, 1, 0, 1, 0, 0, 1, 0, 1, 0, 1}

Item[2] = ColumnTake[A, {2}] // Flatten
{1, 0, 0, 1, 0, 0, 1, 0, 1, 0, 0, 0}
```

```
I12 = Transpose[{Item[1], Item[2]}]
{{1, 1}, {1, 0}, {1, 0}, {0, 1}, {1, 0}, {0, 0},
 {0, 1}, {1, 0}, {0, 1}, {1, 0}, {0, 0}, {1, 0}}

Union[I12]

{{0, 0}, {0, 1}, {1, 0}, {1, 1}}

{a, b, c, d} = Map[Count[I12, #]&, Union[I12]]
{2, 3, 6, 1}
```

Hier wird die Kontingenztafel definiert und mit KTe bezeichnet.

```
KTe = {{a, b}, {c, d}};
KTe // TableForm

2    3
6    1

Needs["Statistics`Master`"]
```

So wird die Prüfgröße beim Test von Mc Nemar bestimmt:

```
pg1=(b-c)^2/(b+c+1);
pg1//N

0.9

df=1;

Prob=1-CDF[ChiSquareDistribution[df],pg1]//N

0.342782
```

Wir bestimmen noch eine korrigierte Prüfgröße für kleine Stichproben (wie in unserem Fall):

```
pg2=(Abs[b-c]-1)^2/(b+c+1);
pg2//N

0.4
```

```
df=1;
Prob=1-CDF[ChiSquareDistribution[df],pg2]//N
```

```
0.527089
```

Wie zu sehen ist, kann die Nullhypothese (Prob > 0.05) auf einem 5% Signifikanzniveau nicht verworfen werden. Will man nachweisen, daß beide Items gleich schwer sind, so müßte ein höheres Signifikanzniveau angenommen werden, z.B. 20%. In diesem Fall könnte man allerdings immer noch nicht verwerfen.

Nun möchte ich noch die Bedeutung des Phi-Koeffizienten in Bezug auf homogene Populationen untersuchen. Dabei gehen wir davon aus, daß alle Personen die gleiche Fähigkeit $\theta_v = \theta$ haben. Der Phi-Koeffizient berechnet sich für eine Kontingenztafel

| | 2. Item | |
|---|---|---|
| 1. Item | ja | nein |
| ja | $n_{11}$ | $n_{12}$ |
| nein | $n_{21}$ | $n_{22}$ |

wie folgt:

$$\varphi = \frac{n_{11}n_{22} - n_{12}n_{21}}{\sqrt{n_{01}n_{02}n_{10}n_{20}}}$$

Wir betrachten nun den Zähler des Phi-Koeffizienten und verwenden Mathematica:

Es gilt für die Wahrscheinlichkeit dafür, das eine Person den Antwortvektor a aufweist (vgl. 1.5):

$$\texttt{p[a\_] :=} \prod_{\texttt{i=1}}^{\texttt{Length[a]}} \left( \left( \frac{\theta * \epsilon\texttt{[i]}}{1 + \theta * \epsilon\texttt{[i]}} \right)^{\texttt{a[[i]]}} * \left( \frac{1}{1 + \theta * \epsilon\texttt{[i]}} \right)^{\texttt{1-a[[i]]}} \right)$$

Beispiel für a = (1 0)$^t$:

```
p[{0, 1}]
```

$$\frac{\theta\,\epsilon[2]}{(1+\theta\,\epsilon[1])\,(1+\theta\,\epsilon[2])}$$

```
Clear[n]
```

Es folgt die Bestimmung der Wahrscheinlichkeiten der theoretischen KT unter den Annahmen des Rasch Modells für eine homogene Population.

```
KT= {{p[{0, 0}], p[{0, 1}]}, {p[{1, 0}], p[{1, 1}]}};
KT// MatrixForm
```

$$\begin{pmatrix} \frac{1}{(1+\theta\epsilon[1])\,(1+\theta\epsilon[2])} & \frac{\theta\epsilon[2]}{(1+\theta\epsilon[1])\,(1+\theta\epsilon[2])} \\ \frac{\theta\epsilon[1]}{(1+\theta\epsilon[1])\,(1+\theta\epsilon[2])} & \frac{\theta^2\,\epsilon[1]\,\epsilon[2]}{(1+\theta\epsilon[1])\,(1+\theta\epsilon[2])} \end{pmatrix}$$

Oben sind die erwarteten Häufigkeiten der Kontingenztafel zu sehen. Wir berechnen den Zähler des Phi-Koeffizienten:

```
Det[KT]
```

0

Wie zu sehen ist, ist dieser Null. Dieser ist hiermit also kein Maß für die Korrelation der Items, sondern für die Homogenität der Population.

## 1.8 Untersuchung der Testleistungen der Personen

Kommen wir nun zur Untersuchung der Testleistung einer Person. Gerade falls man den Erfolg eines Trainings untersuchen möchte, ist von Interesse, mit welcher Wahrscheinlichkeit eine Person mindestens c (z.B. 8) Aufgaben von k (im Beispiel 12) löst, in Abhängigkeit der Fähigkeit θ dieser Person. Die Zufallsvariable R (gelöste Aufgaben) ist in diesem Fall binomialverteilt. Will man nun untersuchen, wie groß die Wahrscheinlichkeit dafür ist, daß eine Person mit der Fähigkeit θ mindestens c Aufgaben löst, so ergibt sich hierfür die Wahrscheinlichkeit:

$$P(R \geq c \mid \theta) = \sum_{j=c}^{k} \binom{k}{j} \theta^{j} (1-\theta)^{k-j}$$

Beispiel mit Mathematica:

```
k = 12;

Needs["Statistics`Master`"]

f[θ_] := 1 - CDF[BinomialDistribution[k, θ], c - 1]
```

Wir wählen nun c = 8 und zeichne die Wahrscheinlichkeit dafür, daß eine Person mindestens c = 8 Aufgaben löst (P(R ≥ 8 | θ)) in Abhängigkeit des Parameters θ. Mit steigender Fähigkeit θ, geht die Wahrscheinlichkeit P(R ≥ c | θ) gegen 1.

```
Plot[f[θ] /. c-> 8, {θ, 0.01, 0.99}, GridLines -> {None, {0.25, 0.5, 0.75, 1}}]
```

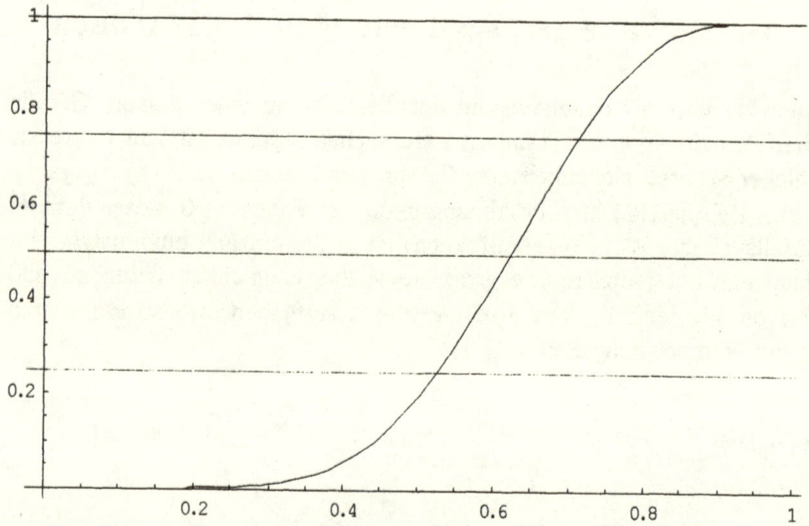


Nun zeichnen wir noch eine weitere Kurve ein, die die Wahrscheinlichkeit dafür darstellt, daß eine Person mindestens 10 von 12 Aufgaben löst, in Abhängigkeit von der Fähigkeit $\theta$. Die Grafik zeigt dann die plausible Tatsache: $P(R \geq 10 \mid \theta) < P(R \geq 8 \mid \theta)$

```
Plot[{f[θ] /. c-> 8, f[θ] /. c-> 10}, {θ, 0.01, 0.99},
 GridLines-> {None, {0.25, 0.5, 0.75, 1}}]
```

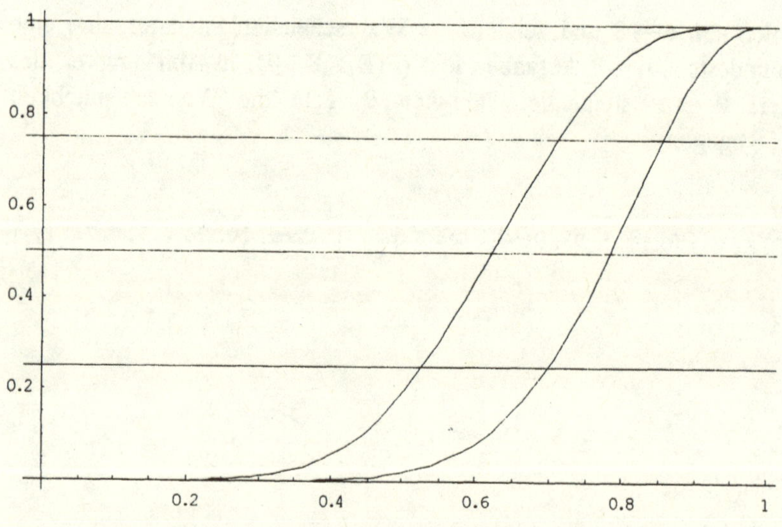

Ich möchte nun einen Test im folgenden Beispiel durchführen, mit dem man z.B. den Lernerfolg (Trainingserfolg) überprüfen kann. Hier wird die Hypothese überprüft, daß eine Person v mindestens mit der Wahrscheinlichkeit 60% eine Aufgabe löst. Dazu formulieren wir die Hypothesen (was wir zeigen möchten, formulieren wir in der Alternativhypothese).

$H_0$: $\theta \leq 0.6$ $(=\theta_0)$

gegen

$H_A$: $\theta > 0.6$ $(=\theta_0)$

Benötigt wird hierzu der Antwortvektor $\vec{a}_v$ der Person v (bzw. die Anzahl der von der Person v gelösten Aufgaben $r_v$). Die Nullhypothese wird auf dem Signifikanzniveau $\alpha$ verworfen, falls gilt:

$$\text{Prob (= p-Wert)} = \sum_{j=r_v}^{k} \binom{k}{j} \theta_0^j (1-\theta_0)^{k-j} \leq \alpha$$

Wir führen nun den Test mit Mathematica im folgenden Beispiel durch (a ist hier der Antwortvektor).

```
a= {1, 0, 0, 1, 1, 1, 1, 0, 1, 1}

{1, 0, 0, 1, 1, 1, 1, 0, 1, 1}

r = Count[a, v_ /; v == 1]

7

k = Length[a]

10
```

```
θ0 = 0.6;

Needs["Statistics`Master`"]

FB[x_] := CDF[BinomialDistribution[k, θ0], x]

Prob = 1 - FB[r - 1] // N

0.382281
```

Also kann die Nullhypothese auf einem Signifikanzniveau von 5% nicht verworfen werden (da Prob = 0.382281 > 0.05) und somit kann nicht nachgewiesen werden, daß die Person v eine Aufgabe mit einer Wahrscheinlichkeit von mindestens 60 % löst.

Den p-Wert können Sie auch mit der Formel auf der vorhergehenden Seite mit Mathematica bestimmen:

$$\sum_{j=r}^{k} \texttt{Binomial[k, j]}\ \theta^{j} * (1-\theta)^{k-j}\ \texttt{/.}\ \theta \texttt{->} \theta 0$$

```
0.382281
```

**Bemerkung:**
Die in diesem Unterkapitel vorgestellten Methoden setzten natürlich voraus, daß das Lösen der Aufgabe i unabhängig vom Lösen der Aufgabe j geschieht. Hier dürfen folglich keine Aufgaben aufeinander aufbauen, und es darf beim Lösen der k Aufgaben kein Lerneffekt zum tragen kommen.

## 1.9 Elementarsymmetrische Funktionen

Bei der Bestimmung der bedingten Maximum Likelihood (ML) Schätzer spielen die elementarsymmetrischen Grundfunktionen eine wichtige Rolle. Diese werden wie folgt definiert.

**Definition:**
Die Funktionen $\gamma_i : \mathbb{R}^k \rightarrow \mathbb{R}$ mit $0 \leq i \leq k$, die wie folgt definiert sind, heißen elementarsymmetrische oder symmetrische Grundfunktionen:

$$\gamma_0(\vec{\varepsilon}\,) = 1$$

$$\gamma_1(\vec{\varepsilon}\,) = \varepsilon_1 + \varepsilon_2 + .... + \varepsilon_k$$

$$\gamma_2(\vec{\varepsilon}\,) = \varepsilon_1\,\varepsilon_2 + \varepsilon_1\,\varepsilon_3 + ... + \varepsilon_1\,\varepsilon_k + \varepsilon_2\,\varepsilon_3 + ... + \varepsilon_{k-1}\,\varepsilon_k = \sum_{1\leq i<j\leq k} \varepsilon_i \varepsilon_j$$

$$\gamma_3(\vec{\varepsilon}\,) = \varepsilon_1\,\varepsilon_2\,\varepsilon_3 + ... + \varepsilon_{k-2}\,\varepsilon_{k-1}\,\varepsilon_k = \sum_{1\leq i<j<m\leq k} \varepsilon_i \varepsilon_j \varepsilon_m$$

..............................................................................................................

$$\gamma_k(\vec{\varepsilon}\,) = \varepsilon_1\,\varepsilon_2 \,....\, \varepsilon_k = \prod_i \varepsilon_i$$

Über die elementarsymmetrischen Funktionen kann man die Anzahl der möglichen Itemscorematrizen bei gegeben Zeilen / Spaltensummen berechnen. Wie diese elementarsymmetrischen Funktionen bei der Bestimmung der Likelihoodfunktion zur bedingten ML Schätzung benutzt werden können, zeigt das folgende Beispiel:

Wir bestimmen die Wahrscheinlichkeit dafür, daß eine Person v den Antwortvektor $\vec{a}_v$ aufweist, unter der Voraussetzung, daß diese Person $r_v$ Aufgaben gelöst hat:

$$L(\vec{A}_v = \vec{a}_v \mid R_v = r_v, \vec{\theta}, \vec{\varepsilon}) = \frac{P(\vec{A}_v = \vec{a}_v \wedge R_v = r_v \mid \vec{\varepsilon})}{P(R_v = r_v \mid \vec{\varepsilon})} = \frac{\prod_i P(A_{vi} = a_{vi} \mid \vec{\varepsilon})}{\sum_{\vec{a}_v \text{ mit } \sum_i a_{vi} = r_v} \prod_i P(A_{vi} = a_{vi} \mid \vec{\varepsilon})}$$

$$= \frac{\prod_i \frac{(\theta_v \varepsilon_i)^{a_{vi}}}{1+\theta_v \varepsilon_i}}{\sum_{\vec{a}_v \text{ mit } \sum_i a_{vi} = r_v} \prod_i \frac{(\theta_v \varepsilon_i)^{a_{vi}}}{1+\theta_v \varepsilon_i}} = \frac{\prod_i (\theta_v \varepsilon_i)^{a_{vi}}}{\sum_{\vec{a}_v \text{ mit } \sum_i a_{vi} = r_v} \prod_i (\theta_v \varepsilon_i)^{a_{vi}}}$$

$$= \frac{\theta_v^{r_v} \prod_i \varepsilon_i^{a_{vi}}}{\sum_{\vec{a}_v \text{ mit } \sum_i a_{vi} = r_v} \theta_v^{r_v} \prod_i \varepsilon_i^{a_{vi}}} = \frac{\prod_i \varepsilon_i^{a_{vi}}}{\sum_{\vec{a}_v \text{ mit } \sum_i a_{vi} = r_v} \prod_i \varepsilon_i^{a_{vi}}}$$

$$= \frac{\prod_i \varepsilon_i^{a_{vi}}}{\gamma_{r_v}(\vec{\varepsilon})}$$

Somit gelangt man zur Likelihoodfunktion der bedingten ML Schätzung im Rasch Modell (mit $a_{v0} = r_v$):

$$L(\vec{\varepsilon}) = P(a_{0i} \mid a_{v0}) = K(a_{v0}, a_{0i}) \frac{\prod_i \varepsilon_i^{a_{oi}}}{\prod_v \gamma_{a_{vo}}(\vec{\varepsilon})}$$

Dabei ist $K(a_{vo}, a_{0i})$ wieder die Anzahl aller Matrizen mit den gegebenen Randsummen $a_{vo}$ und $a_{0i}$.

Die elementarsymmetrischen Funktionen können mit Mathematica ganz elegant allgemein definiert werden. Wir wählen hierfür k = 4.

```
<< DiscreteMath`Combinatorica`

k = 4;
kl = Table[i, {i, 1, k}]

{1, 2, 3, 4}
```

$$\gamma[i\_] := \text{Apply}\left[\text{Plus}, \text{Map}\left[\left(\prod_{j=1}^{i} \epsilon[\#[[j]]]\right)\&, \text{KSubsets}[kl, i]\right]\right]$$

```
Table[γ[i], {i, 0, k}] // TableForm

1
∈[1] + ∈[2] + ∈[3] + ∈[4]
∈[1] ∈[2] + ∈[1] ∈[3] + ∈[2] ∈[3] + ∈[1] ∈[4] + ∈[2] ∈[4] + ∈[3] ∈[4]
∈[1] ∈[2] ∈[3] + ∈[1] ∈[2] ∈[4] + ∈[1] ∈[3] ∈[4] + ∈[2] ∈[3] ∈[4]
∈[1] ∈[2] ∈[3] ∈[4]
```

Es folgt eine „unelegantere" Bestimmung der elementarsymmetrischen Funktionen für k = 4 in Mathematica. Hier kann aber noch die Definition nachvollzogen werden:

$$\gamma[0] = 1$$

$$\gamma[1] = \sum_{i=1}^{k} \epsilon[i]$$

```
1

∈[1] + ∈[2] + ∈[3] + ∈[4]
```

$$\gamma[2] = \sum_{i=2}^{k} \sum_{j=1}^{i-1} \epsilon[i] * \epsilon[j]$$

$$\epsilon[1]\,\epsilon[2] + \epsilon[1]\,\epsilon[3] + \epsilon[2]\,\epsilon[3] + \epsilon[1]\,\epsilon[4] + \epsilon[2]\,\epsilon[4] + \epsilon[3]\,\epsilon[4]$$

$$\gamma[3] = \sum_{i=3}^{k} \sum_{j=2}^{i-1} \sum_{s=1}^{j-1} \epsilon[i] * \epsilon[j] * \epsilon[s]$$

$$\epsilon[1]\,\epsilon[2]\,\epsilon[3] + \epsilon[1]\,\epsilon[2]\,\epsilon[4] + \epsilon[1]\,\epsilon[3]\,\epsilon[4] + \epsilon[2]\,\epsilon[3]\,\epsilon[4]$$

$$\gamma[4] = \prod_{i=1}^{k} \epsilon[i]$$

$$\epsilon[1]\,\epsilon[2]\,\epsilon[3]\,\epsilon[4]$$

## 1.10 Numerische Verfahren zum Lösen von Gleichungen

Bei der Parameterschätzung des Modells von Rasch treten sowohl bei der unbedingten als auch bei der bedingten Maximum Likelihood Schätzung nichtlineare Gleichungssysteme auf, deren Lösung nicht analytisch bestimmt werden kann. Man ist dabei auf numerische Verfahren angewiesen, die allerdings nicht notwendigerweise mit jedem Startwert gegen die Lösung des Gleichungssystems konvergieren. Zwei solcher Verfahren, die ich später verwende, möchte ich hier vorstellen.

### 1.10.1 Newton Verfahren

Sei F eine Abbildung von $\mathbb{R}^n \to \mathbb{R}^n$ und gesucht wird ein $\vec{x}_* \in \mathbb{R}^n$ mit $F(\vec{x}_*) = \vec{0}$, so kann mit geeignetem Startwert $\vec{x}_o$ nach dem Iterationsverfahren von Newton eine Folge $(\vec{x}_i)_{i \in N}$ nach der folgenden Vorschrift bestimmt werden:

$$\vec{x}_{n+1} = \vec{x}_n - J^{-1}(\vec{x}_n)F(\vec{x}_n)$$

so daß gilt:

$$\lim_{n \to \infty} \vec{x}_n = \vec{x}_*$$

Dabei ist J die Jakobimatrix der Funktion F.

Beispiel mit Mathematica:

gelöst werden soll die Gleichung: $F(\vec{x}) = \begin{pmatrix} x_1 - x_1 x_2 \\ 4 + x_2 + 2x_1 x_2 \end{pmatrix} = \vec{0}$

Definition der Abbildung F: $\mathbb{R}^2 \to \mathbb{R}^2$ in Mathematica:

```
F = {x[1] - x[1] * x[2] , x[2] + 2 x[1] * x[2] + 4}
```

```
{x[1] - x[1] x[2], 4 + x[2] + 2 x[1] x[2]}
```

```
F // MatrixForm
```

$$\begin{pmatrix} x[1] - x[1]\,x[2] \\ 4 + x[2] + 2\,x[1]\,x[2] \end{pmatrix}$$

Mathematica stellt ebenfalls eine Funktion zum numerischen Lösen von Gleichungssystemen zur Verfügung. Es gibt zwei Lösungen:

```
NSolve[F == {0, 0}]
```

```
{{x[1] → -2.5, x[2] → 1.}, {x[1] → 0., x[2] → -4.}}
```

Die Jakobimatrix:

```
J = Map[D[F, #] &, {x[1], x[2]}] // Evaluate
```

```
{{1 - x[2], 2 x[2]}, {-x[1], 1 + 2 x[1]}}
```

```
J // MatrixForm
```

$$\begin{pmatrix} 1 - x[2] & 2\,x[2] \\ -x[1] & 1 + 2\,x[1] \end{pmatrix}$$

Die Startwerte:

```
{x[1], x[2]} = {-1, 2} // N;
```

Maximale Anzahl von Iterationsschritten:

```
maxit = 10;
```

Die Iteration:

```
Iteration = Table[
  {{x[1]}, {x[2]}} =
   {{x[1]}, {x[2]}} - Inverse[J] . F, {maxit}];
Iteration // TableForm
```

```
-4.         1.
-3.25       1.
-2.78846    1.
-2.58156    1.
-2.51837    1.
-2.50378    1.
-2.50076    1.
-2.50015    1.
-2.50003    1.
-2.50001    1.
```

Zur Kontrolle berechnen wir die Funktionswerte für die Werte aus dem letzten Iterationsschritt. Diese müssen nahe Null sein:

```
F
```

```
{0., -0.0000121945}
```

## 1.10.2 Fixpunktverfahren

Sei F eine Funktion von $\mathbf{R}^n \to \mathbf{R}^n$ und gesucht wird ein $\vec{x}_* \in \mathbf{R}^n$ mit $F(\vec{x}_*) = \vec{0}$. Läßt sich die Gleichung $F(\vec{x}) = \vec{0}$ äquivalent umformen zu $\widetilde{F}(\vec{x}) = \vec{x}$, so kann mit geeignetem Startwert $\vec{x}_o$ die Folge $(\vec{x}_i)_{i \in N}$, die sich durch das im folgenden definierte Iterationsverfahren (Fixpunktverfahren) ergibt, konvergieren:

$$\vec{x}_{n+1} = \widetilde{F}(\vec{x}_n)$$

Es gilt somit:

$$\lim_{n \to \infty} \vec{x}_n = \vec{x}_*$$

Hinreichend für die Konvergenz des Fixpunktverfahrens ist nach dem Fixpunktsatz: $\left\| \widetilde{J}(\vec{x}_i) \right\| < 1$, wobei $\widetilde{J}$ die Jakobimatrix von $\widetilde{F}$ ist.

Beispiel mit Mathematica:

```
Clear[x]
```

Die Funktion F: $\mathbf{R}^2 \to \mathbf{R}^2$ in Mathematica aus dem vorhergehenden Beispiel wurde von mir bereits in die Fixpunktform gebracht ($\widetilde{F}$=F1 in Mathematica):

```
F1 = { x[1] * x[2] , - (2 x[1] * x[2] + 4) }
```

```
{x[1] x[2], -4 - 2 x[1] x[2]}
```

```
F1 // MatrixForm
```

$$\begin{pmatrix} x[1]\,x[2] \\ -4 - 2\,x[1]\,x[2] \end{pmatrix}$$

Lösungen mit Mathematica:

```
NSolve[F1 == {x[1], x[2]}]
```

```
{{x[1] → -2.5, x[2] → 1.}, {x[1] → 0., x[2] → -4.}}
```

```
J = Map[D[F1, #] &, {x[1], x[2]}] // Evaluate
```

```
{{x[2], -2 x[2]}, {x[1], -2 x[1]}}
```

```
J // MatrixForm
```

$$\begin{pmatrix} x[2] & -2\,x[2] \\ x[1] & -2\,x[1] \end{pmatrix}$$

Startwerte und Iteration:

```
{x[1], x[2]} = {-1, 2} // N;
```

```
maxit = 10;

Iteration = Table[
  {x[1], x[2]} = F1, {maxit}];
Iteration // TableForm
```

```
-2.      0.
0.      -4.
0.      -4.
0.      -4.
0.      -4.
0.      -4.
0.      -4.
0.      -4.
0.      -4.
0.      -4.
```

# 2 Das Rasch Modell

Alle Betrachtungen in diesem Kapitel beziehen sich auf das dichotome logistische Modell von Rasch.

## 2.1 Voraussetzungen

(1) Die Itemcharakteristiken sind monoton steigend und es gilt:

$$\lim_{\xi \to -\infty} f_i(\xi) = 0 \text{ und } \lim_{\xi \to \infty} f_i(\xi) = 1$$

Die Wahrscheinlichkeit dafür, daß eine Person die Aufgabe i löst, muß also mit steigender Fähigkeit $\xi$ größer werden.

(2) Alle Items sind lokal stochastisch unabhängig.

D.h. ob eine Person eine Aufgabe löst, darf nicht davon abhängen, ob sie eine Aufgabe zuvor gelöst hat. Es dürfen auch keine Aufgaben aufeinander aufbauen und es darf keinen Lerneffekt geben.

(3) Die Anzahl der gelösten Aufgaben $R_v$ der Person v ist eine erschöpfende Statistik für den Leistungsparameter $\xi_v$.

Es muß also nach dem gelten:

$$\forall_v \; P(\vec{A}_v = \vec{a}_v \mid R_v = r_v, \xi_v) = P(\vec{A}_v = \vec{a}_v \text{ und } R_v = r_v \mid \xi_v) \, / \, P(R_v = r_v \mid \xi_v)$$

ist unabhängig von $\xi_v$

Bemerkung:
Hat eine Person v alle Aufgaben oder keine gelöst, so ist die v-te Zeile der Matrix A zu streichen. Analoges gilt für die Items. Wurde ein Item i von allen Personen gelöst oder von keiner, so ist die i-te Spalte zu streichen. In diesem Fall, den wir bereits betrachtet haben, würde nämlich der Fähigkeitsparameter $\xi_v$ oder der Schwierigkeitsparameter $\sigma_i$ vom Betrag $\infty$.

Bei der Testkonstruktion sollte darauf geachtet werden, daß die Aufgaben möglichst nur eine Fähigkeit ansprechen, d.h. der Test sollte homogen sein.

Eine zusätzliche Eigenschaft des Modells von Rasch ist, daß die Schwierigkeitsparameter $\sigma_i$ der Aufgaben unabhängig von den Personen geschätzt werden können, d.h. man erhält bei verschiedenen Personen die gleichen Schwierigkeitsparameter $\sigma_i$. Natürlich können wir später nur die Schätzer der Parameter bestimmen, die entsprechend „zufällig" sind. Diese Eigenschaft ist die Grundlage für die von mir vorgestellten Modell Anpassungstests.

Es kann gezeigt werden, daß die wie folgt definierten Itemcharakteristiken den oberen Anforderungen genügen:

$$f_i(\xi) = \frac{e^{\xi - \sigma_i}}{1 + e^{\xi - \sigma_i}}$$

Somit gilt:

$$\boxed{\underset{1 \le v \le n}{\forall} \; \underset{1 \le i \le k}{\forall} \; P(A_{vi} = 1 | \xi_v, \sigma_i) = f_i(\xi_v) = \frac{e^{\xi_v - \sigma_i}}{1 + e^{\xi_v - \sigma_i}}}$$

## 2.2 Unbedingte ML Schätzung

Nach 2.3 ist die Likelihoodfunktion gegeben durch:

$$P(A \mid \vec{\theta},\vec{\varepsilon}\,) = L(\vec{\theta},\vec{\varepsilon}\,) = \frac{\prod\limits_{v} \theta_v^{a_{v0}} \prod\limits_{i} \varepsilon_i^{a_{0i}}}{\prod\limits_{v}\prod\limits_{i}(1+\theta_v\varepsilon_i)}$$

Durch Logarithmieren dieser ergibt sich:

$$\ln L(\vec{\theta},\vec{\varepsilon}\,) = \sum_{v} a_{v0} \ln(\theta_v) + \sum_{i} a_{0i} \ln(\varepsilon_i) - \sum_{v}\sum_{i} \ln(1+\theta_v\varepsilon_i)$$

Falls Sie die obere logarithmierte Likelihoodfunktion nach allen Parametern partiell ableiten und Null setzen, erhalten Sie das folgende Gleichungssystem für die unbedingten ML Schätzer:

$$\frac{a_{v0}}{\theta_v} - \sum_{i} \frac{\varepsilon_i}{1+\theta_v\varepsilon_i} = 0 \text{ für } v = 1,2, \ldots, n$$

$$\frac{a_{0i}}{\varepsilon_i} - \sum_{v} \frac{\theta_v}{1+\theta_v\varepsilon_i} = 0 \text{ für } i = 1,2, \ldots, k$$

Mit Hilfe des Newton Verfahrens werden wir im folgenden mit Mathematica in einem konkreten Beispiel eine Näherung für die Parameterschätzer bestimmen. Die unbedingten ML Schätzer haben den Nachteil, daß sie nicht erwartungstreu sind. Eine Konsistenz kann nicht nachgewiesen werden, da mit steigenden Stichprobenumfang die Parameterzahl ansteigt (und im Grenzfall gehen diese gegen unendlich. Der Vorteil der unbedingten ML ist, daß diese einfacher durchzuführen ist. Wir verwenden im folgenden Beispiel (zur Demonstration der Parameterschätzung) eine einfache Itemscorematrix mit 4 Items und 5 Personen. Monte - Carlo - Versuche haben gezeigt, das mit dem Korrekturfaktor $\frac{k-1}{k}$ der Bias der Schätzer für die Itemparameter (Aufgabenparameter, Schwierigkeitsparameter) verschwindet.

Wir beginnen mit der Parameterschätzung in Mathematica mit der folgenden Itemscorematrix:

```
A= {{1, 1, 1, 0}, {1, 0, 1, 0},
   {1, 0, 0, 1}, {0, 1, 1, 0}, {1, 0, 0, 0}};
A// MatrixForm
```

$$\begin{pmatrix} 1 & 1 & 1 & 0 \\ 1 & 0 & 1 & 0 \\ 1 & 0 & 0 & 1 \\ 0 & 1 & 1 & 0 \\ 1 & 0 & 0 & 0 \end{pmatrix}$$

Wie zu sehen ist, wurde das letzte Item nur von der dritten Person gelöst. Es folgt die Berechnung der Zeilensummen zs und der Spaltensummen ss.

```
ss = Apply[Plus, A]
```

```
{4, 2, 3, 1}
```

```
zs = Apply[Plus, Transpose[A]]
```

```
{3, 2, 2, 2, 1}
```

```
n = Length[zs]
```

```
5
```

```
k = Length[ss]
```

```
4
```

Da die Jakobimatrix singulär ist (aufgrund der bereits beschriebenen nicht eindeutigen Parameter), führen wir beim Newton Verfahren jeweils einen Iterationsschritt mit den Personen- und einen mit den Schwierigkeitsparametern durch. Dazu definieren wir in Mathematica die beiden Funktionen F1 und F2, deren Nullstellen die Schätzer der Parameter ergeben.

$$\mathbf{F1 = Table}\left[\mathbf{zs[[v]]} - \sum_{i=1}^{k} \frac{\theta[v]\,\epsilon[i]}{1+\theta[v]\,\epsilon[i]},\ \{v, 1, n\}\right]$$

$$\left\{3 - \frac{\epsilon[1]\,\theta[1]}{1+\epsilon[1]\,\theta[1]} - \frac{\epsilon[2]\,\theta[1]}{1+\epsilon[2]\,\theta[1]} - \frac{\epsilon[3]\,\theta[1]}{1+\epsilon[3]\,\theta[1]} - \frac{\epsilon[4]\,\theta[1]}{1+\epsilon[4]\,\theta[1]},\ 2 - \frac{\epsilon[1]\,\theta[2]}{1+\epsilon[1]\,\theta[2]} - \frac{\epsilon[2]\,\theta[2]}{1+\epsilon[2]\,\theta[2]} - \frac{\epsilon[3]\,\theta[2]}{1+\epsilon[3]\,\theta[2]} - \frac{\epsilon[4]\,\theta[2]}{1+\epsilon[4]\,\theta[2]},\ 2 - \frac{\epsilon[1]\,\theta[3]}{1+\epsilon[1]\,\theta[3]} - \frac{\epsilon[2]\,\theta[3]}{1+\epsilon[2]\,\theta[3]} - \frac{\epsilon[3]\,\theta[3]}{1+\epsilon[3]\,\theta[3]} - \frac{\epsilon[4]\,\theta[3]}{1+\epsilon[4]\,\theta[3]},\ 2 - \frac{\epsilon[1]\,\theta[4]}{1+\epsilon[1]\,\theta[4]} - \frac{\epsilon[2]\,\theta[4]}{1+\epsilon[2]\,\theta[4]} - \frac{\epsilon[3]\,\theta[4]}{1+\epsilon[3]\,\theta[4]} - \frac{\epsilon[4]\,\theta[4]}{1+\epsilon[4]\,\theta[4]},\ 1 - \frac{\epsilon[1]\,\theta[5]}{1+\epsilon[1]\,\theta[5]} - \frac{\epsilon[2]\,\theta[5]}{1+\epsilon[2]\,\theta[5]} - \frac{\epsilon[3]\,\theta[5]}{1+\epsilon[3]\,\theta[5]} - \frac{\epsilon[4]\,\theta[5]}{1+\epsilon[4]\,\theta[5]}\right\}$$

$$\mathbf{F2 = Table}\left[\mathbf{ss[[i]]} - \sum_{v=1}^{n} \frac{\theta[v]\,\epsilon[i]}{1+\theta[v]\,\epsilon[i]},\ \{i, 1, k\}\right]$$

$$\Big\{4-\frac{\epsilon[1]\,\theta[1]}{1+\epsilon[1]\,\theta[1]}-\frac{\epsilon[1]\,\theta[2]}{1+\epsilon[1]\,\theta[2]}-\frac{\epsilon[1]\,\theta[3]}{1+\epsilon[1]\,\theta[3]}-\frac{\epsilon[1]\,\theta[4]}{1+\epsilon[1]\,\theta[4]}-\frac{\epsilon[1]\,\theta[5]}{1+\epsilon[1]\,\theta[5]},$$

$$2-\frac{\epsilon[2]\,\theta[1]}{1+\epsilon[2]\,\theta[1]}-\frac{\epsilon[2]\,\theta[2]}{1+\epsilon[2]\,\theta[2]}-\frac{\epsilon[2]\,\theta[3]}{1+\epsilon[2]\,\theta[3]}-\frac{\epsilon[2]\,\theta[4]}{1+\epsilon[2]\,\theta[4]}-\frac{\epsilon[2]\,\theta[5]}{1+\epsilon[2]\,\theta[5]},$$

$$3-\frac{\epsilon[3]\,\theta[1]}{1+\epsilon[3]\,\theta[1]}-\frac{\epsilon[3]\,\theta[2]}{1+\epsilon[3]\,\theta[2]}-\frac{\epsilon[3]\,\theta[3]}{1+\epsilon[3]\,\theta[3]}-\frac{\epsilon[3]\,\theta[4]}{1+\epsilon[3]\,\theta[4]}-\frac{\epsilon[3]\,\theta[5]}{1+\epsilon[3]\,\theta[5]},$$

$$1-\frac{\epsilon[4]\,\theta[1]}{1+\epsilon[4]\,\theta[1]}-\frac{\epsilon[4]\,\theta[2]}{1+\epsilon[4]\,\theta[2]}-\frac{\epsilon[4]\,\theta[3]}{1+\epsilon[4]\,\theta[3]}-\frac{\epsilon[4]\,\theta[4]}{1+\epsilon[4]\,\theta[4]}-\frac{\epsilon[4]\,\theta[5]}{1+\epsilon[4]\,\theta[5]}\Big\}$$

J1 und J2 sind die beiden separaten Jakobimatrizen der Funktionen F1 und F2. Bemerkung: Wir verwenden diese beiden Matrizen zur numerischen Bestimmung der Parameterschätzer, die die Likelihoodfunktion bzw. die logarithmierte Likelihoodfunktion maximieren. Dabei gehen wir mit den Methoden der Analysis vor und suchen die Nullstellen des Gradienten der logarithmierten Likelihoodfunktion. Der Gradient (dieser enthält die partiellen Ableitungen der logarithmierten Likelihoodfunktion nach allen Parametern) wird von uns, wegen der beschriebenen Separation, in zwei Teile zerlegt. Diese beiden Teile sind die Funktionen F1 und F2 (siehe oben: Gleichungssystem für die unbedingten ML Schätzer). Wir führen somit das Problem der numerischen Extremwertbestimmung auf das Problem der numerischen Bestimmung der Nullstellen des Gradienten zurück. Diese Methode wird „Newton-Raphson" Verfahren genannt. Damit wir auch tatsächlich ein lokales Maximum der (logarithmierten) Likelihoodfunktion gefunden haben, müssen die beiden Jakobimatrizen J1 und J2 negativ definit sein. Dies kann leicht überprüft werden, indem man mit der Mathematica Anweisung Eigenvalues[J1] und Eigenvalues[J2] (nach der Iteration, oder zum Überprüfen der Startwerte nach der Definition der Startwerte in Mathematica) die Eigenwerte bestimmt. Sind diese alle negativ, so wurde ein lokales Maximum gefunden (was in unseren Beispielen der Fall ist).

```
J2 = Map[D[F2, #] &, {ε[1], ε[2], ε[3], ε[4]}] // Evaluate
```

$$\Big\{\Big\{\frac{\epsilon[1]\,\theta[1]^2}{(1+\epsilon[1]\,\theta[1])^2}-\frac{\theta[1]}{1+\epsilon[1]\,\theta[1]}+\frac{\epsilon[1]\,\theta[2]^2}{(1+\epsilon[1]\,\theta[2])^2}-\frac{\theta[2]}{1+\epsilon[1]\,\theta[2]}+\frac{\epsilon[1]\,\theta[3]^2}{(1+\epsilon[1]\,\theta[3])^2}-\frac{\theta[3]}{1+\epsilon[1]\,\theta[3]}+\frac{\epsilon[1]\,\theta[4]^2}{(1+\epsilon[1]\,\theta[4])^2}-\frac{\theta[4]}{1+\epsilon[1]\,\theta[4]}+\frac{\epsilon[1]\,\theta[5]^2}{(1+\epsilon[1]\,\theta[5])^2}-\frac{\theta[5]}{1+\epsilon[1]\,\theta[5]},0,0,0\Big\},$$

$$\Big\{0,\frac{\epsilon[2]\,\theta[1]^2}{(1+\epsilon[2]\,\theta[1])^2}-\frac{\theta[1]}{1+\epsilon[2]\,\theta[1]}+\frac{\epsilon[2]\,\theta[2]^2}{(1+\epsilon[2]\,\theta[2])^2}-\frac{\theta[2]}{1+\epsilon[2]\,\theta[2]}+\frac{\epsilon[2]\,\theta[3]^2}{(1+\epsilon[2]\,\theta[3])^2}-\frac{\theta[3]}{1+\epsilon[2]\,\theta[3]}+\frac{\epsilon[2]\,\theta[4]^2}{(1+\epsilon[2]\,\theta[4])^2}-\frac{\theta[4]}{1+\epsilon[2]\,\theta[4]}+\frac{\epsilon[2]\,\theta[5]^2}{(1+\epsilon[2]\,\theta[5])^2}-\frac{\theta[5]}{1+\epsilon[2]\,\theta[5]},0,0\Big\},$$

$$\Big\{0,0,\frac{\epsilon[3]\,\theta[1]^2}{(1+\epsilon[3]\,\theta[1])^2}-\frac{\theta[1]}{1+\epsilon[3]\,\theta[1]}+\frac{\epsilon[3]\,\theta[2]^2}{(1+\epsilon[3]\,\theta[2])^2}-\frac{\theta[2]}{1+\epsilon[3]\,\theta[2]}+\frac{\epsilon[3]\,\theta[3]^2}{(1+\epsilon[3]\,\theta[3])^2}-\frac{\theta[3]}{1+\epsilon[3]\,\theta[3]}+\frac{\epsilon[3]\,\theta[4]^2}{(1+\epsilon[3]\,\theta[4])^2}-\frac{\theta[4]}{1+\epsilon[3]\,\theta[4]}+\frac{\epsilon[3]\,\theta[5]^2}{(1+\epsilon[3]\,\theta[5])^2}-\frac{\theta[5]}{1+\epsilon[3]\,\theta[5]},0\Big\},$$

$$\Big\{0,0,0,\frac{\epsilon[4]\,\theta[1]^2}{(1+\epsilon[4]\,\theta[1])^2}-\frac{\theta[1]}{1+\epsilon[4]\,\theta[1]}+\frac{\epsilon[4]\,\theta[2]^2}{(1+\epsilon[4]\,\theta[2])^2}-\frac{\theta[2]}{1+\epsilon[4]\,\theta[2]}+\frac{\epsilon[4]\,\theta[3]^2}{(1+\epsilon[4]\,\theta[3])^2}-\frac{\theta[3]}{1+\epsilon[4]\,\theta[3]}+\frac{\epsilon[4]\,\theta[4]^2}{(1+\epsilon[4]\,\theta[4])^2}-\frac{\theta[4]}{1+\epsilon[4]\,\theta[4]}+\frac{\epsilon[4]\,\theta[5]^2}{(1+\epsilon[4]\,\theta[5])^2}-\frac{\theta[5]}{1+\epsilon[4]\,\theta[5]}\Big\}\Big\}$$

```
J1 = Map[D[F1, #] &, {θ[1], θ[2], θ[3], θ[4], θ[5]}] //
  Evaluate
```

$$\Big\{\Big\{\frac{\epsilon[1]^2\theta[1]}{(1+\epsilon[1]\,\theta[1])^2}-\frac{\epsilon[1]}{1+\epsilon[1]\,\theta[1]}+\frac{\epsilon[2]^2\theta[1]}{(1+\epsilon[2]\,\theta[1])^2}-\frac{\epsilon[2]}{1+\epsilon[2]\,\theta[1]}+\frac{\epsilon[3]^2\theta[1]}{(1+\epsilon[3]\,\theta[1])^2}-\frac{\epsilon[3]}{1+\epsilon[3]\,\theta[1]}+\frac{\epsilon[4]^2\theta[1]}{(1+\epsilon[4]\,\theta[1])^2}-\frac{\epsilon[4]}{1+\epsilon[4]\,\theta[1]},\ 0,\ 0,\ 0,\ 0\Big\},$$

$$\Big\{0,\ \frac{\epsilon[1]^2\theta[2]}{(1+\epsilon[1]\,\theta[2])^2}-\frac{\epsilon[1]}{1+\epsilon[1]\,\theta[2]}+\frac{\epsilon[2]^2\theta[2]}{(1+\epsilon[2]\,\theta[2])^2}-\frac{\epsilon[2]}{1+\epsilon[2]\,\theta[2]}+\frac{\epsilon[3]^2\theta[2]}{(1+\epsilon[3]\,\theta[2])^2}-\frac{\epsilon[3]}{1+\epsilon[3]\,\theta[2]}+\frac{\epsilon[4]^2\theta[2]}{(1+\epsilon[4]\,\theta[2])^2}-\frac{\epsilon[4]}{1+\epsilon[4]\,\theta[2]},\ 0,\ 0,\ 0\Big\},$$

$$\Big\{0,\ 0,\ \frac{\epsilon[1]^2\theta[3]}{(1+\epsilon[1]\,\theta[3])^2}-\frac{\epsilon[1]}{1+\epsilon[1]\,\theta[3]}+\frac{\epsilon[2]^2\theta[3]}{(1+\epsilon[2]\,\theta[3])^2}-\frac{\epsilon[2]}{1+\epsilon[2]\,\theta[3]}+\frac{\epsilon[3]^2\theta[3]}{(1+\epsilon[3]\,\theta[3])^2}-\frac{\epsilon[3]}{1+\epsilon[3]\,\theta[3]}+\frac{\epsilon[4]^2\theta[3]}{(1+\epsilon[4]\,\theta[3])^2}-\frac{\epsilon[4]}{1+\epsilon[4]\,\theta[3]},\ 0,\ 0\Big\},$$

$$\Big\{0,\ 0,\ 0,\ \frac{\epsilon[1]^2\theta[4]}{(1+\epsilon[1]\,\theta[4])^2}-\frac{\epsilon[1]}{1+\epsilon[1]\,\theta[4]}+\frac{\epsilon[2]^2\theta[4]}{(1+\epsilon[2]\,\theta[4])^2}-\frac{\epsilon[2]}{1+\epsilon[2]\,\theta[4]}+\frac{\epsilon[3]^2\theta[4]}{(1+\epsilon[3]\,\theta[4])^2}-\frac{\epsilon[3]}{1+\epsilon[3]\,\theta[4]}+\frac{\epsilon[4]^2\theta[4]}{(1+\epsilon[4]\,\theta[4])^2}-\frac{\epsilon[4]}{1+\epsilon[4]\,\theta[4]},\ 0\Big\},$$

$$\Big\{0,\ 0,\ 0,\ 0,\ \frac{\epsilon[1]^2\theta[5]}{(1+\epsilon[1]\,\theta[5])^2}-\frac{\epsilon[1]}{1+\epsilon[1]\,\theta[5]}+\frac{\epsilon[2]^2\theta[5]}{(1+\epsilon[2]\,\theta[5])^2}-\frac{\epsilon[2]}{1+\epsilon[2]\,\theta[5]}+\frac{\epsilon[3]^2\theta[5]}{(1+\epsilon[3]\,\theta[5])^2}-\frac{\epsilon[3]}{1+\epsilon[3]\,\theta[5]}+\frac{\epsilon[4]^2\theta[5]}{(1+\epsilon[4]\,\theta[5])^2}-\frac{\epsilon[4]}{1+\epsilon[4]\,\theta[5]}\Big\}\Big\}$$

Es werden die Startwerte für die Iteration gesetzt. Hierzu eignen sich auch für die (transformierten) Personenparameter die Zeilensummen zs und für die (transformierten) Aufgabenparameter die Spaltensummen ss.

```
{{θ[1], θ[2], θ[3], θ[4], θ[5]},
  {ε[1], ε[2], ε[3], ε[4]}} =
 {{4.2, 1.1, 1.1, 1.1, 0.5}, {2.2, 0.7, 2., 0.1}} // N;
```

Anzahl der Iterationschritte:

```
maxit = 20;
```

Iteration nach Newton:

```
Table[{
  {{θ[1]}, {θ[2]}, {θ[3]}, {θ[4]}, {θ[5]}} = {{θ[1]},
     {θ[2]}, {θ[3]}, {θ[4]}, {θ[5]}} - Inverse[J1] . F1,
  {{ε[1]}, {ε[2]}, {ε[3]}, {ε[4]}} =
   {{ε[1]}, {ε[2]}, {ε[3]}, {ε[4]}} - Inverse[J2] . F2
  }, {maxit}];
```

Ausgabe der Parameterschätzer aus dem letzten Iterationsschritt:

```
{{θ[1], θ[2], θ[3], θ[4], θ[5]}, {ε[1], ε[2], ε[3], ε[4]}}
```

```
{{5.57535, 1.3385, 1.3385, 1.3385, 0.321341},
 {3.73701, 0.463849, 1.20333, 0.149361}}
```

Die Funktionswerte liegen Nahe 0, also hat das Verfahren konvergiert:

```
F1
```

$\{0., -1.11022\times 10^{-16}, -1.11022\times 10^{-16}, -1.11022\times 10^{-16}, -3.05311\times 10^{-16}\}$

```
F2
```

{-4.44089×10^-16, 0., -5.55112×10^-17, -2.77556×10^-17}

Rücktransformation der Parameter, dabei beinhalten die folgenden Listen $\xi l = (\hat{\xi}_1, \hat{\xi}_2, \hat{\xi}_3, \hat{\xi}_4, \hat{\xi}_5)$ und $\sigma l = (\hat{\sigma}_1, \hat{\sigma}_2, \hat{\sigma}_3, \hat{\sigma}_4)$.

```
ξl = Log[{θ[1], θ[2], θ[3], θ[4], θ[5]}]
```

{1.71836, 0.291551, 0.291551, 0.291551, -1.13525}

```
σl = -Log[{ε[1], ε[2], ε[3], ε[4]}]
```

{-1.31829, 0.768196, -0.185094, 1.90139}

Der Wert des geschätzten Itemparameters des 4. Items, welches nur von einer Person gelöst wurde, ist entsprechend am größten (es gilt: $\hat{\sigma}_4 = 1.90139$), da dieses Item am „schwierigsten" ist. Am „einfachsten" war die erste Aufgabe ($\hat{\sigma}_1 = -1.31829$).

Wir definieren nun die (geschätzte) i-te Itemcharakteristik und geben die (geschätzte) Itemcharakteristik des ersten Items aus:

$$f[\xi\_, i\_] := \frac{e^{(\xi - \sigma l[[i]])}}{1 + e^{(\xi - \sigma l[[i]])}}$$

```
f[ξ, 1]
```

$$\frac{E^{1.31829+\xi}}{1 + E^{1.31829+\xi}}$$

Zeichnung der (geschätzten) Itemcharakteristiken:

```
Plot[Table[f[ξ, i], {i, 1, k}] // Evaluate, {ξ, -8, 8}]
```

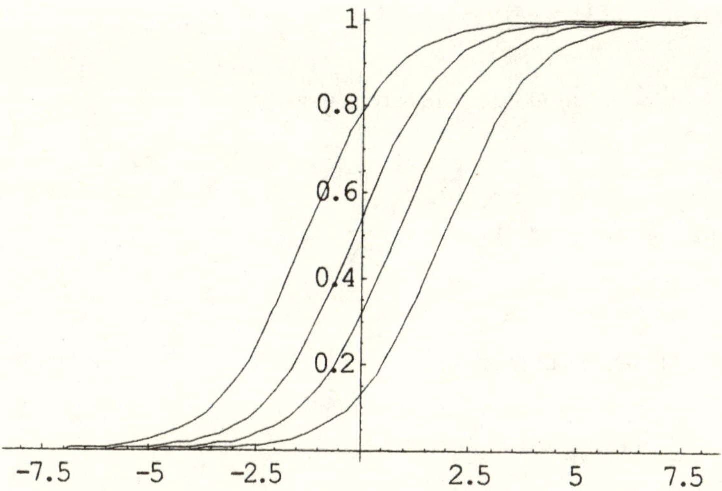


Die Kurve der (geschätzten) 4. Itemcharakteristik verläuft unterhalb allen anderen Kurven. Hier muß eine Personen eine größere Fähigkeit besitzen als bei einer anderen Aufgabe, um diese mit der gleichen Wahrscheinlichkeit zu lösen.

## 2.3 Bedingte ML Schätzung im Rasch Modell

Es gilt für die Likelihoodfunktion (wie bereits gezeigt):

$$L(\vec{\varepsilon})=P(a_{0i} \mid a_{v0}) = K(a_{v0}, a_{0i}) \frac{\prod_i \varepsilon_i^{a_{0i}}}{\prod_v \gamma_{a_{v0}}(\vec{\varepsilon})}$$

Durch Logarithmieren erhält man:

$$\ln L(\vec{\varepsilon}) = c - \sum_v \ln(\gamma_{a_{v0}}(\vec{\varepsilon})) + \sum_i a_{0i} \ln(\varepsilon_i)$$

Wir bestimmen nun das Maximum mit den üblichen Methoden der Analysis:

$$\frac{\partial \ln L(\vec{\varepsilon})}{\partial \varepsilon_i} = 0 \Leftrightarrow \frac{a_{0i}}{\varepsilon_i} = \sum_v \frac{\partial \gamma_{a_{v0}}(\vec{\varepsilon}) / \partial \varepsilon_i}{\gamma_{a_{v0}}(\vec{\varepsilon})} \Leftrightarrow \varepsilon_i = \frac{a_{0i}}{\sum_v \frac{\partial \gamma_{a_{v0}}(\vec{\varepsilon}) / \partial \varepsilon_i}{\gamma_{a_{v0}}(\vec{\varepsilon})}}$$

Wie oben rechts zu sehen ist, ist die Gleichung bereits in der geeigneten Form für das Fixpunktverfahren. Die bedingten ML Schätzer sind erwartungstreu. Die Personenparameter werden über das aus der unbedingten ML Schätzung bekannten Gleichungssystem bestimmt:

$$\frac{a_{v0}}{\theta_v} - \sum_i \frac{\varepsilon_i}{1+\theta_v \varepsilon_i} = 0 \quad \text{für } v = 1,2, \ldots, n$$

Die bedingten ML Schätzer sind erwartungstreu. Wir beginnen im Beispiel mit der gleichen Itemscorematrix A wie im vorhergehenden Beispiel. Die Parameterschätzung ist so programmiert, daß sie allgemein bei Itemscorematrizen mit k = 4 Items angewendet werden kann. Er kann bei hinzufügen weiterer (oder entfernen von) Parameter beim Fixpunktverfahren auch auf Itemscorematrizen mit beliebig vielen Items angewendet werden. Hier sollte aber dann die allgemeine Definition für die elementarsymmetrischen Funktionen (vorgestellt im Kapitel „elementarsymmetrische Funktionen") verwendet werden. Analoges gilt für die Personenparameter. Hier müssen nur beim Newton Verfahren Parameter hinzugefügt oder weggelassen werden. Entsprechendes gilt für unbedingte Parameterschätzung.

```
A = {{1, 1, 1, 0}, {1, 0, 1, 0},
  {1, 0, 0, 1}, {0, 1, 1, 0}, {1, 0, 0, 0}};
A // MatrixForm
```

$$\begin{pmatrix} 1 & 1 & 1 & 0 \\ 1 & 0 & 1 & 0 \\ 1 & 0 & 0 & 1 \\ 0 & 1 & 1 & 0 \\ 1 & 0 & 0 & 0 \end{pmatrix}$$

```
ss = Apply[Plus, A]

{4, 2, 3, 1}

r = zs = Apply[Plus, Transpose[A]]

{3, 2, 2, 2, 1}

n = Length[zs]

5

k = Length[ss]
```

4

```
a = A;
```

Bestimmung der elementarsymmetrischen Funktionen in Mathematica. (Hier verwende ich die „weniger elegante Art" der Definition. Die allgemeinere Definition habe ich im Kapitel zu den elementarsymmetrischen Funktionen beschrieben):

$$\gamma[0] = 1$$

$$\gamma[1] = \sum_{i=1}^{k} \epsilon[i]$$

1

$$\epsilon[1] + \epsilon[2] + \epsilon[3] + \epsilon[4]$$

$$\gamma[2] = \sum_{i=2}^{k} \sum_{j=1}^{i-1} \epsilon[i] * \epsilon[j]$$

$$\epsilon[1]\,\epsilon[2] + \epsilon[1]\,\epsilon[3] + \epsilon[2]\,\epsilon[3] + \epsilon[1]\,\epsilon[4] + \epsilon[2]\,\epsilon[4] + \epsilon[3]\,\epsilon[4]$$

$$\gamma[3] = \sum_{i=3}^{k} \sum_{j=2}^{i-1} \sum_{s=1}^{j-1} \epsilon[i] * \epsilon[j] * \epsilon[s]$$

$$\epsilon[1]\,\epsilon[2]\,\epsilon[3] + \epsilon[1]\,\epsilon[2]\,\epsilon[4] + \epsilon[1]\,\epsilon[3]\,\epsilon[4] + \epsilon[2]\,\epsilon[3]\,\epsilon[4]$$

$$\gamma[4] = \prod_{i=1}^{k} \epsilon[i]$$

$$\epsilon[1]\,\epsilon[2]\,\epsilon[3]\,\epsilon[4]$$

Die Likelihoodfunktion L (ohne die Konstante $K(a_{oi},a_{vo})$, welche die Anzahl aller mögliche Itemscorematrizen mit den Zeilen/Spaltensummen $a_{vo}$, $a_{oi}$ erfaßt):

$$L = \frac{\prod_{i=1}^{k} \epsilon[i]^{ss[[i]]}}{\prod_{v=1}^{n} \gamma[zs[[v]]]}$$

```
(ϵ[1]^4 ϵ[2]^2 ϵ[3]^3 ϵ[4]) /
  ((ϵ[1] + ϵ[2] + ϵ[3] + ϵ[4]) (ϵ[1] ϵ[2] + ϵ[1] ϵ[3] +
       ϵ[2] ϵ[3] + ϵ[1] ϵ[4] + ϵ[2] ϵ[4] + ϵ[3] ϵ[4]) ^3
    (ϵ[1] ϵ[2] ϵ[3] + ϵ[1] ϵ[2] ϵ[4] + ϵ[1] ϵ[3] ϵ[4] +
      ϵ[2] ϵ[3] ϵ[4]))
```

Es folgt die Logarithmierung der Likelihoodfunktion L, dadurch wird die Berechnung der Schätzer einfacher. Wir bestimmen zunächst mit Mathematica die Gleichung zur Schätzung der Parameter und verwende bei der Definition von F2 die Gleichung, die für das Fixpunktverfahren geeignet ist.

```
LnL = Log[L] // PowerExpand
```

```
4 Log[ϵ[1]] + 2 Log[ϵ[2]] + 3 Log[ϵ[3]] + Log[ϵ[4]] - Log[
  ϵ[1] + ϵ[2] + ϵ[3] + ϵ[4]] - 3 Log[ϵ[1] ϵ[2] + ϵ[1] ϵ[3] +
    ϵ[2] ϵ[3] + ϵ[1] ϵ[4] + ϵ[2] ϵ[4] + ϵ[3] ϵ[4]] -
 Log[ϵ[1] ϵ[2] ϵ[3] + ϵ[1] ϵ[2] ϵ[4] + ϵ[1] ϵ[3] ϵ[4] +
   ϵ[2] ϵ[3] ϵ[4]]
```

```
F = Map[D[LnL, #] &, {ϵ[1], ϵ[2], ϵ[3], ϵ[4]}] // Evaluate
```

```
{4/ε[1] - 1/(ε[1] + ε[2] + ε[3] + ε[4]) -
   (3 (ε[2] + ε[3] + ε[4])) / (ε[1] ε[2] + ε[1] ε[3] +
      ε[2] ε[3] + ε[1] ε[4] + ε[2] ε[4] + ε[3] ε[4]) -
   (ε[2] ε[3] + ε[2] ε[4] + ε[3] ε[4]) / (ε[1] ε[2] ε[3] +
      ε[1] ε[2] ε[4] + ε[1] ε[3] ε[4] + ε[2] ε[3] ε[4]),
 2/ε[2] - 1/(ε[1] + ε[2] + ε[3] + ε[4]) -
   (3 (ε[1] + ε[3] + ε[4])) / (ε[1] ε[2] + ε[1] ε[3] +
      ε[2] ε[3] + ε[1] ε[4] + ε[2] ε[4] + ε[3] ε[4]) -
   (ε[1] ε[3] + ε[1] ε[4] + ε[3] ε[4]) / (ε[1] ε[2] ε[3] +
      ε[1] ε[2] ε[4] + ε[1] ε[3] ε[4] + ε[2] ε[3] ε[4]),
 3/ε[3] - 1/(ε[1] + ε[2] + ε[3] + ε[4]) -
   (3 (ε[1] + ε[2] + ε[4])) / (ε[1] ε[2] + ε[1] ε[3] +
      ε[2] ε[3] + ε[1] ε[4] + ε[2] ε[4] + ε[3] ε[4]) -
   (ε[1] ε[2] + ε[1] ε[4] + ε[2] ε[4]) / (ε[1] ε[2] ε[3] +
      ε[1] ε[2] ε[4] + ε[1] ε[3] ε[4] + ε[2] ε[3] ε[4]),
 1/ε[4] - 1/(ε[1] + ε[2] + ε[3] + ε[4]) -
   (3 (ε[1] + ε[2] + ε[3])) / (ε[1] ε[2] + ε[1] ε[3] +
      ε[2] ε[3] + ε[1] ε[4] + ε[2] ε[4] + ε[3] ε[4]) -
   (ε[1] ε[2] + ε[1] ε[3] + ε[2] ε[3]) / (ε[1] ε[2] ε[3] +
      ε[1] ε[2] ε[4] + ε[1] ε[3] ε[4] + ε[2] ε[3] ε[4])}
```

Iteration nach dem Fixpunkt Verfahren mit F2:

```
F2 =
  Table[ss[[α]] / Sum[D[γ[zs[[v]]], ε[α]] / γ[zs[[v]]], {v, 1, n}],
   {α, 1, k}]
```

$$\left\{4 \Big/ \left(\frac{1}{\epsilon[1]+\epsilon[2]+\epsilon[3]+\epsilon[4]} + (3\,(\epsilon[2]+\epsilon[3]+\epsilon[4]))\,/\,(\epsilon[1]\,\epsilon[2]+\epsilon[1]\,\epsilon[3]+\epsilon[2]\,\epsilon[3]+\epsilon[1]\,\epsilon[4]+\epsilon[2]\,\epsilon[4]+\epsilon[3]\,\epsilon[4]) + (\epsilon[2]\,\epsilon[3]+\epsilon[2]\,\epsilon[4]+\epsilon[3]\,\epsilon[4])\,/\,(\epsilon[1]\,\epsilon[2]\,\epsilon[3]+\epsilon[1]\,\epsilon[2]\,\epsilon[4]+\epsilon[1]\,\epsilon[3]\,\epsilon[4]+\epsilon[2]\,\epsilon[3]\,\epsilon[4])\right),\right.$$

$$2 \Big/ \left(\frac{1}{\epsilon[1]+\epsilon[2]+\epsilon[3]+\epsilon[4]} + (3\,(\epsilon[1]+\epsilon[3]+\epsilon[4]))\,/\,(\epsilon[1]\,\epsilon[2]+\epsilon[1]\,\epsilon[3]+\epsilon[2]\,\epsilon[3]+\epsilon[1]\,\epsilon[4]+\epsilon[2]\,\epsilon[4]+\epsilon[3]\,\epsilon[4]) + (\epsilon[1]\,\epsilon[3]+\epsilon[1]\,\epsilon[4]+\epsilon[3]\,\epsilon[4])\,/\,(\epsilon[1]\,\epsilon[2]\,\epsilon[3]+\epsilon[1]\,\epsilon[2]\,\epsilon[4]+\epsilon[1]\,\epsilon[3]\,\epsilon[4]+\epsilon[2]\,\epsilon[3]\,\epsilon[4])\right),$$

$$3 \Big/ \left(\frac{1}{\epsilon[1]+\epsilon[2]+\epsilon[3]+\epsilon[4]} + (3\,(\epsilon[1]+\epsilon[2]+\epsilon[4]))\,/\,(\epsilon[1]\,\epsilon[2]+\epsilon[1]\,\epsilon[3]+\epsilon[2]\,\epsilon[3]+\epsilon[1]\,\epsilon[4]+\epsilon[2]\,\epsilon[4]+\epsilon[3]\,\epsilon[4]) + (\epsilon[1]\,\epsilon[2]+\epsilon[1]\,\epsilon[4]+\epsilon[2]\,\epsilon[4])\,/\,(\epsilon[1]\,\epsilon[2]\,\epsilon[3]+\epsilon[1]\,\epsilon[2]\,\epsilon[4]+\epsilon[1]\,\epsilon[3]\,\epsilon[4]+\epsilon[2]\,\epsilon[3]\,\epsilon[4])\right),$$

$$\left.1 \Big/ \left(\frac{1}{\epsilon[1]+\epsilon[2]+\epsilon[3]+\epsilon[4]} + (3\,(\epsilon[1]+\epsilon[2]+\epsilon[3]))\,/\,(\epsilon[1]\,\epsilon[2]+\epsilon[1]\,\epsilon[3]+\epsilon[2]\,\epsilon[3]+\epsilon[1]\,\epsilon[4]+\epsilon[2]\,\epsilon[4]+\epsilon[3]\,\epsilon[4]) + (\epsilon[1]\,\epsilon[2]+\epsilon[1]\,\epsilon[3]+\epsilon[2]\,\epsilon[3])\,/\,(\epsilon[1]\,\epsilon[2]\,\epsilon[3]+\epsilon[1]\,\epsilon[2]\,\epsilon[4]+\epsilon[1]\,\epsilon[3]\,\epsilon[4]+\epsilon[2]\,\epsilon[3]\,\epsilon[4])\right)\right\}$$

Der Startvektor wird so festgelegt, daß das Produkt über alle Komponenten gleich 1 ist. Dabei werden die Spaltensummen der Itemscorematrix verwendet.

$$\mathbf{Startwert = ss \Big/ \sqrt[k]{\prod_{i=1}^{k} ss[[i]]}\ \ //\ N}$$

```
{1.8072, 0.903602, 1.3554, 0.451801}
```

$$\prod_{i=1}^{k} \text{Startwert}[[i]]$$

```
1.
```

```
{ϵ[1], ϵ[2], ϵ[3], ϵ[4]} = Startwert
```

```
{1.8072, 0.903602, 1.3554, 0.451801}
```

Es folgt der Funktionswert von F für die Startwerte. Die Funktionswerte von F müssen bei Konvergenz gegen Null gehen.

```
F
```

```
{0.366786, -0.366786, 0.0442673, -0.866374}
```

Anzahl der Iterationsschritte:

```
maxit = 50;
```

Iteration nach dem Fixpunktverfahren:

```
IT = Table[
  {ϵ[1], ϵ[2], ϵ[3], ϵ[4]} = F2
  , {maxit}];
```

Aufgrund des Funktionswertes von F kann man davon ausgehen, daß das Verfahren konvergiert hat (alle Werte liegen nahe 0).

```
F
```

$\{3.34421 \times 10^{-9}, -4.05703 \times 10^{-9}, -4.82609 \times 10^{-9}, -4.04781 \times 10^{-9}\}$

Die Lösung:

```
LÖ = IT[[maxit]] // Flatten
```

```
{2.83179, 0.623722, 1.21372, 0.267331}
```

Die normierte Lösung für die Schätzer der Schwierigkeitsparameter:

```
{ε[1], ε[2], ε[3], ε[4]} = LÖ / LÖ[[1]]
```

```
{1., 0.220257, 0.428606, 0.0944036}
```

Schätzung der Personenparameter θ durch Iteration nach Newton:

$$\texttt{Fl} = \texttt{Table}\left[\texttt{zs[[v]]} - \sum_{i=1}^{k} \frac{\theta[v]\,\epsilon[i]}{1+\theta[v]\,\epsilon[i]},\ \{v, 1, n\}\right]$$

$$\left\{3 - \frac{0.0944036\,\theta[1]}{1+0.0944036\,\theta[1]} - \frac{0.220257\,\theta[1]}{1+0.220257\,\theta[1]} - \frac{0.428606\,\theta[1]}{1+0.428606\,\theta[1]} - \frac{1.\,\theta[1]}{1+1.\,\theta[1]},\ 2 - \frac{0.0944036\,\theta[2]}{1+0.0944036\,\theta[2]} - \frac{0.220257\,\theta[2]}{1+0.220257\,\theta[2]} - \frac{0.428606\,\theta[2]}{1+0.428606\,\theta[2]} - \frac{1.\,\theta[2]}{1+1.\,\theta[2]},\right.$$
$$2 - \frac{0.0944036\,\theta[3]}{1+0.0944036\,\theta[3]} - \frac{0.220257\,\theta[3]}{1+0.220257\,\theta[3]} - \frac{0.428606\,\theta[3]}{1+0.428606\,\theta[3]} - \frac{1.\,\theta[3]}{1+1.\,\theta[3]},\ 2 - \frac{0.0944036\,\theta[4]}{1+0.0944036\,\theta[4]} - \frac{0.220257\,\theta[4]}{1+0.220257\,\theta[4]} - \frac{0.428606\,\theta[4]}{1+0.428606\,\theta[4]} - \frac{1.\,\theta[4]}{1+1.\,\theta[4]},$$
$$\left.1 - \frac{0.0944036\,\theta[5]}{1+0.0944036\,\theta[5]} - \frac{0.220257\,\theta[5]}{1+0.220257\,\theta[5]} - \frac{0.428606\,\theta[5]}{1+0.428606\,\theta[5]} - \frac{1.\,\theta[5]}{1+1.\,\theta[5]}\right\}$$

```
J1 = Map[D[F1, #]&, {θ[1], θ[2], θ[3], θ[4], θ[5]}] //
  Evaluate
```

$$\Big\{\Big\{-\frac{0.0944036}{1+0.0944036\,\theta[1]}-\frac{0.220257}{1+0.220257\,\theta[1]}-\frac{0.428606}{1+0.428606\,\theta[1]}-\frac{1.}{1+1.\,\theta[1]}+\frac{0.00891204\,\theta[1]}{(1+0.0944036\,\theta[1])^2}+\frac{0.0485133\,\theta[1]}{(1+0.220257\,\theta[1])^2}+\frac{0.183703\,\theta[1]}{(1+0.428606\,\theta[1])^2}+\frac{1.\,\theta[1]}{(1+1.\,\theta[1])^2},\ 0,\ 0,\ 0,\ 0\Big\},$$

$$\Big\{0,\ -\frac{0.0944036}{1+0.0944036\,\theta[2]}-\frac{0.220257}{1+0.220257\,\theta[2]}-\frac{0.428606}{1+0.428606\,\theta[2]}-\frac{1.}{1+1.\,\theta[2]}+\frac{0.00891204\,\theta[2]}{(1+0.0944036\,\theta[2])^2}+\frac{0.0485133\,\theta[2]}{(1+0.220257\,\theta[2])^2}+\frac{0.183703\,\theta[2]}{(1+0.428606\,\theta[2])^2}+\frac{1.\,\theta[2]}{(1+1.\,\theta[2])^2},\ 0,\ 0,\ 0\Big\},$$

$$\Big\{0,\ 0,\ -\frac{0.0944036}{1+0.0944036\,\theta[3]}-\frac{0.220257}{1+0.220257\,\theta[3]}-\frac{0.428606}{1+0.428606\,\theta[3]}-\frac{1.}{1+1.\,\theta[3]}+\frac{0.00891204\,\theta[3]}{(1+0.0944036\,\theta[3])^2}+\frac{0.0485133\,\theta[3]}{(1+0.220257\,\theta[3])^2}+\frac{0.183703\,\theta[3]}{(1+0.428606\,\theta[3])^2}+\frac{1.\,\theta[3]}{(1+1.\,\theta[3])^2},\ 0,\ 0\Big\},$$

$$\Big\{0,\ 0,\ 0,\ -\frac{0.0944036}{1+0.0944036\,\theta[4]}-\frac{0.220257}{1+0.220257\,\theta[4]}-\frac{0.428606}{1+0.428606\,\theta[4]}-\frac{1.}{1+1.\,\theta[4]}+\frac{0.00891204\,\theta[4]}{(1+0.0944036\,\theta[4])^2}+\frac{0.0485133\,\theta[4]}{(1+0.220257\,\theta[4])^2}+\frac{0.183703\,\theta[4]}{(1+0.428606\,\theta[4])^2}+\frac{1.\,\theta[4]}{(1+1.\,\theta[4])^2},\ 0\Big\},$$

$$\Big\{0,\ 0,\ 0,\ 0,\ -\frac{0.0944036}{1+0.0944036\,\theta[5]}-\frac{0.220257}{1+0.220257\,\theta[5]}-\frac{0.428606}{1+0.428606\,\theta[5]}-\frac{1.}{1+1.\,\theta[5]}+\frac{0.00891204\,\theta[5]}{(1+0.0944036\,\theta[5])^2}+\frac{0.0485133\,\theta[5]}{(1+0.220257\,\theta[5])^2}+\frac{0.183703\,\theta[5]}{(1+0.428606\,\theta[5])^2}+\frac{1.\,\theta[5]}{(1+1.\,\theta[5])^2}\Big\}\Big\}$$

```
{θ[1], θ[2], θ[3], θ[4], θ[5]} = zs // N;
```

Oben wurde der Startwert über die Zeilensummen definiert. Wir beginne mit der Iteration nach Newton):

```
maxit = 50;

Table[
  {{θ[1]}, {θ[2]}, {θ[3]}, {θ[4]}, {θ[5]}} = {{θ[1]},
    {θ[2]}, {θ[3]}, {θ[4]}, {θ[5]}} - Inverse[J1] . F1,
 {maxit}];

temp = {{θ[1], θ[2], θ[3], θ[4], θ[5]},
  {ϵ[1], ϵ[2], ϵ[3], ϵ[4]}}

{{11.6952, 3.25466, 3.25466, 3.25466, 0.905738},
 {1., 0.220257, 0.428606, 0.0944036}}
```

Prüfe Konvergenz:

```
F1
```

$\{-5.55112\times10^{-16},\ 1.11022\times10^{-16},\ 1.11022\times10^{-16},\ 1.11022\times10^{-16},\ -5.55112\times10^{-17}\}$

Rücktransformation der Parameter, dabei beinhalten die folgenden Listen $\xi l = (\hat{\xi}_1, \hat{\xi}_2, \hat{\xi}_3, \hat{\xi}_4, \hat{\xi}_5)$ und $\sigma l = (\hat{\sigma}_1, \hat{\sigma}_2, \hat{\sigma}_3, \hat{\sigma}_4)$.

```
ξl = Log[{θ[1], θ[2], θ[3], θ[4], θ[5]}]

{2.45918, 1.18009, 1.18009, 1.18009, -0.0990051}

σl = -Log[{ϵ[1], ϵ[2], ϵ[3], ϵ[4]}] // Chop

{0, 1.51296, 0.847217, 2.36018}
```

```
f[ξ_, i_] := e^(ξ-σl[[i]]) / (1 + e^(ξ-σl[[i]]))
```

```
f[ξ, 1]
```

$$\frac{E^{\xi}}{1+E^{\xi}}$$

```
Plot[Table[f[ξ, i], {i, 1, k}] // Evaluate, {ξ, -8, 8}]
```

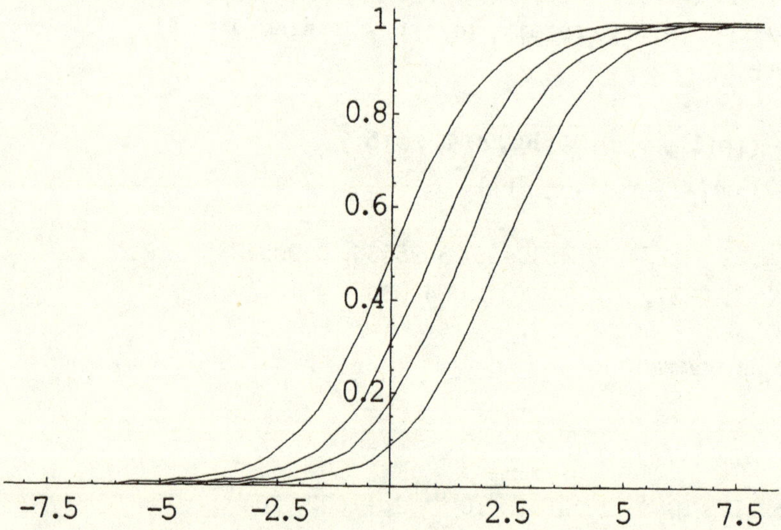

### 2.3.1 Konfidenzintervalle für die Personenparameter

Da die ML Schätzer asymptotisch normalverteilt sind, läßt sich ein Konfidenzintervall bestimmen, was aber erst bei größeren Stichprobenumfängen sinnvoll ist. Wir bestimmen nun ein 95%-iges Konfidenzintervall ($\gamma = 0.95$).

$$\texttt{It}[\xi\_] = \sum_{i=1}^{k} \texttt{f}[\xi, \texttt{i}]\,(1 - \texttt{f}[\xi, \texttt{i}])$$

$$\frac{E^{-2.36018+\xi}\left(1-\frac{E^{-2.36018+\xi}}{1+E^{-2.36018+\xi}}\right)}{1+E^{-2.36018+\xi}} + \frac{E^{-1.51296+\xi}\left(1-\frac{E^{-1.51296+\xi}}{1+E^{-1.51296+\xi}}\right)}{1+E^{-1.51296+\xi}} + \frac{E^{-0.847217+\xi}\left(1-\frac{E^{-0.847217+\xi}}{1+E^{-0.847217+\xi}}\right)}{1+E^{-0.847217+\xi}} + \frac{E^{\xi}\left(1-\frac{E^{\xi}}{1+E^{\xi}}\right)}{1+E^{\xi}}$$

```
Itξ = Map[It, ξ1]
```

```
{0.662052, 0.84599, 0.84599, 0.84599, 0.662052}
```

```
Needs["Statistics`Master`"]
```

```
γ = 0.95;
z = Quantile[NormalDistribution[0, 1], (1 + γ) / 2]
```

```
1.95996
```

```
KIξ[v_] :=
  {ξ1[[v]] - z * √Itξ[[v]] , ξ1[[v]] + z * √Itξ[[v]] }
```

```
Table[KIξ[v], {v, 1, n}] // MatrixForm
```

$$\begin{pmatrix} 0.864425 & 4.05394 \\ -0.622642 & 2.98282 \\ -0.622642 & 2.98282 \\ -0.622642 & 2.98282 \\ -1.69376 & 1.49575 \end{pmatrix}$$

Die obere Matrix enthält in der ersten Spalte jeweils die Untergrenzen und in der zweiten Spalte die Obergrenzen der Konfidenzintervalle für die Personenparameter (Fähigkeitsparameter), deren Schätzer unten nochmals aufgeführt sind.

```
ξ1
```

```
{2.45918, 1.18009, 1.18009, 1.18009, -0.0990051}
```

## 2.3.2 Konfidenzintervalle für die Schwierigkeitsparameter

Nun folgt analog die Berechnung von 95%-igen Konfidenzintervallen für die Schwierigkeitsparameter:

```
Ipσ =
  Table[∑_{v=1}^{n} f[ξl[[v]], i] (1 - f[ξl[[v]], i]), {i, 1, k}]
```

```
{0.861336, 1.0697, 1.0697, 0.861336}
```

```
γ = 0.95;
z = Quantile[NormalDistribution[0, 1], (1 + γ) / 2]
```

```
1.95996
```

```
KIσ = Transpose[{σl - z * √Ipσ , σl + z * √Ipσ }];
```

```
KIσ // MatrixForm
```

$$\begin{pmatrix} -1.81901 & 1.81901 \\ -0.51416 & 3.54008 \\ -1.1799 & 2.87434 \\ 0.541169 & 4.17918 \end{pmatrix}$$

Die obere Matrix enthält in der ersten Spalte jeweils die Untergrenzen und in der zweiten Spalte die Obergrenzen der Konfidenzintervalle für die Itemparameter (Schwierigkeitsparameter), deren Schätzer unten nochmals aufgeführt sind.

```
σl
```

```
{0, 1.51296, 0.847217, 2.36018}
```

### 2.3.3 Weitere Berechnungen

Die folgende Matrix enthält die geschätzten Wahrscheinlichkeit (bzw. Erwartungswerte) dafür, daß die Person v die Aufgabe i löst.

```
pvi = Table[f[ξl[[v]], i], {v, 1, n}, {i, 1, k}];
pvi // MatrixForm
```

$$\begin{pmatrix} 0.92123 & 0.720355 & 0.833684 & 0.524731 \\ 0.764964 & 0.417542 & 0.582458 & 0.235036 \\ 0.764964 & 0.417542 & 0.582458 & 0.235036 \\ 0.764964 & 0.417542 & 0.582458 & 0.235036 \\ 0.475269 & 0.166316 & 0.279645 & 0.0787697 \end{pmatrix}$$

Die Varianzen:

```
Varpvi = pvi * (1 - pvi);
Varpvi // MatrixForm
```

$$\begin{pmatrix} 0.0725651 & 0.201444 & 0.138655 & 0.249388 \\ 0.179794 & 0.243201 & 0.243201 & 0.179794 \\ 0.179794 & 0.243201 & 0.243201 & 0.179794 \\ 0.179794 & 0.243201 & 0.243201 & 0.179794 \\ 0.249388 & 0.138655 & 0.201444 & 0.0725651 \end{pmatrix}$$

Zum Vergleich die Itemscorematrix A:

```
A // MatrixForm
```

$$\begin{pmatrix} 1 & 1 & 1 & 0 \\ 1 & 0 & 1 & 0 \\ 1 & 0 & 0 & 1 \\ 0 & 1 & 1 & 0 \\ 1 & 0 & 0 & 0 \end{pmatrix}$$

Die Wahrscheinlichkeiten dafür, daß die i-te Person alle Aufgaben löst:

```
Apply[Times, Transpose[pvi]]
```

```
{0.290304, 0.0437261, 0.0437261, 0.0437261, 0.00174117}
```

## 2.4 Modell - Tests

### 2.4.1 Der Likelihood-Quotienten Test von Andersen

Es gilt:

$$P(A_v = a_v \mid R_v = r_v\ \vec{\varepsilon}\,) = L(\vec{\varepsilon}\,) = \frac{\prod\limits_i \varepsilon_i^{a_{oi}}}{\prod\limits_v \gamma_{a_{vo}}(\vec{\varepsilon})}$$

Diese ist die Likelihoodfunktion, welche durch die bedingten ML Schätzer maximiert wird. Der Likelihood Quotienten Test von Andersen beruht auf der Stichprobenunabhängigkeit und ist das effektivste Verfahren zur globalen Modellkontrolle. Es wird dabei die gesamte Population nach der Anzahl der gelösten Aufgaben in Teilpopulationen zerlegt (von einer gelösten bis zu k-1 gelösten Aufgaben). Dann werden für die Gesamt- und jede Teilpopulation die Itemparameter $\varepsilon_i$ und $\varepsilon_i^{(r)}$ geschätzt (nach der bedingten ML).

Der Likelihoodquotient ist wie folgt definiert:

$$\lambda = \frac{L(\hat{\vec{\varepsilon}})}{\prod\limits_{r=1}^{k-1} L^{(r)}(\hat{\vec{\varepsilon}}^{(r)})}$$

Es gilt (der Nachweis ist trivial):

$$L(\vec{\varepsilon}) = \prod_{r=1}^{k-1} L^{(r)}(\vec{\varepsilon})$$

Somit gilt für $n \to \infty$: $\lambda \to 1$ (da $\hat{\vec{\varepsilon}}^{(r)} \to \vec{\varepsilon}$, falls der psychologische Test Raschkonform ist).

Weiterhin gilt:

$0 < \lambda < 1$ und $Z = -2\ln(\lambda)$ ist asymptotisch Chi-Quadrat verteilt mit (k-1)(k-2) Freiheitsgraden. Je größer der Likelihoodquotient $\lambda$ ist, um so besser paßt das Modell. Somit kann ein Anpassungstest für das Modell durchgeführt werden, mit

$H_0$: Das Modell von Rasch gilt für den Test bzw. der Test ist Rasch - konform.

gegen

$H_A$: Das Modell von Rasch gilt nicht.

$H_0$ wird bei zu großen Werten von z verworfen. Hier sollte, da es sich um einen Anpassungstest handelt, eine entsprechend großes Signifikanzniveau $\alpha$ (z.B. 20%) gewählt werden.

Bemerkung:
$L^{(1)}(\hat{\varepsilon}^{(1)})$ bezeichne ich im Mathematica Programm mit L1, usw.. Lg bezeichnet in Mathematica den Wert für $L(\hat{\varepsilon})$. Zwischengespeichert werden die Werte bei jeder Schätzung in der Variablen L.

Wir beginnen mit dem Test im folgenden Beispiel. Dazu schätzen wir zunächst die Schwierigkeitsparameter für die Gesamtpopulation und für jede Teilpopulation. Der Modell-Anpassungs Test ist so programmiert, daß er allgemein bei Itemscorematrizen mit k = 4 Items angewendet werden kann. Er kann bei hinzufügen weiterer (oder entfernen von) Parameter beim Fixpunktverfahren auch auf Tests mit beliebig vielen Items angewendet werden. Hier sollte aber dann die allgemeine Definition für die elementarsymmetrischen Funktionen (vorgestellt im Kapitel „elementarsymmetrische Funktionen") verwendet werden.

Gegeben sei die Itemscorematrix A:

```
A= {{1, 1, 1, 0}, {1, 0, 1, 0}, {1, 0, 0, 1},
   {0, 1, 1, 0}, {1, 0, 0, 0}, {0, 0, 1, 0}, {0, 1, 1, 1},
  {1, 0, 0, 1}, {0, 1, 0, 0},
   {1, 0, 1, 1}, {0, 0, 0, 1}, {1, 0, 0, 0}};
A// MatrixForm
```

$$\begin{pmatrix} 1 & 1 & 1 & 0 \\ 1 & 0 & 1 & 0 \\ 1 & 0 & 0 & 1 \\ 0 & 1 & 1 & 0 \\ 1 & 0 & 0 & 0 \\ 0 & 0 & 1 & 0 \\ 0 & 1 & 1 & 1 \\ 1 & 0 & 0 & 1 \\ 0 & 1 & 0 & 0 \\ 1 & 0 & 1 & 1 \\ 0 & 0 & 0 & 1 \\ 1 & 0 & 0 & 0 \end{pmatrix}$$

```
ss = Apply[Plus, A]
```

{7, 4, 6, 5}

```
zs = Apply[Plus, Transpose[A]]
```

{3, 2, 2, 2, 1, 1, 3, 2, 1, 3, 1, 1}

```
n = Length[zs]
```

12

```
k = Length[ss]
```

4

```
a = A;
```

```
γ[0] = 1;
```

$$\gamma[1] = \sum_{i=1}^{k} \epsilon[i] \;;$$

$$\gamma[2] = \sum_{i=2}^{k} \sum_{j=1}^{i-1} \epsilon[i] * \epsilon[j] \;;$$

$$\gamma[3] = \sum_{i=3}^{k} \sum_{j=2}^{i-1} \sum_{s=1}^{j-1} \epsilon[i] * \epsilon[j] * \epsilon[s] \;;$$

$$\gamma[4] = \prod_{i=1}^{k} \epsilon[i] \;;$$

$$L = \frac{\prod_{i=1}^{k} \epsilon[i]^{ss[[i]]}}{\prod_{v=1}^{n} \gamma[zs[[v]]]}$$

```
(ε[1]^7 ε[2]^4 ε[3]^6 ε[4]^5) /
 ((ε[1] + ε[2] + ε[3] + ε[4])^5 (ε[1] ε[2] + ε[1] ε[3] +
      ε[2] ε[3] + ε[1] ε[4] + ε[2] ε[4] + ε[3] ε[4]) ^4
   (ε[1] ε[2] ε[3] +
      ε[1] ε[2] ε[4] + ε[1] ε[3] ε[4] + ε[2] ε[3] ε[4]) ^
    3)
```

```
LnL = Log[L] // PowerExpand;
```

$$F2 = Table\left[ss[[\alpha]] \Big/ Sum\left[\frac{D[\gamma[zs[[v]]], \epsilon[\alpha]]}{\gamma[zs[[v]]]}, \{v, 1, n\}\right], \{\alpha, 1, k\}\right];$$

```
F = Map[D[LnL, #]&, {ε[1], ε[2], ε[3], ε[4]}] // Evaluate;

J = Map[D[F, #]&, {ε[1], ε[2], ε[3], ε[4]}] // Evaluate;
```

$$\{\epsilon[1], \epsilon[2], \epsilon[3], \epsilon[4]\} = ss \Big/ \sqrt[k]{\prod_{i=1}^{k} ss[[i]]} \;//\; N$$

```
{1.30025, 0.743002, 1.1145, 0.928753}

maxit = 100;

IT = Table[
  {ϵ[1], ϵ[2], ϵ[3], ϵ[4]} = F2
  , {maxit}];

F

{2.22045×10^-16, 8.88178×10^-16, 4.44089×10^-16, 0.}

LÖ = IT[[maxit]] // Flatten

{1.53954, 0.61051, 1.14581, 0.843905}

ϵg = {ϵ[1], ϵ[2], ϵ[3], ϵ[4]} = LÖ/LÖ[[1]]

{1., 0.396555, 0.744255, 0.548156}

Lg = L

2.51738×10^-8
```

Es folgt die Schätzung der Schwierigkeitsparameter für die Subpopulation mit r = 1 gelösten Items. Wir selektieren zunächst die entsprechende Submatrix aus der Itemscorematrix für die Gesamtpopulation:

```
Clear[ϵ, θ]

<< LinearAlgebra`MatrixManipulation`;

rA = AppendRows[Transpose[{zs}], A] // Sort;

rA // MatrixForm
```

$$\begin{pmatrix} 1 & 0 & 0 & 0 & 1 \\ 1 & 0 & 0 & 1 & 0 \\ 1 & 0 & 1 & 0 & 0 \\ 1 & 1 & 0 & 0 & 0 \\ 1 & 1 & 0 & 0 & 0 \\ 2 & 0 & 1 & 1 & 0 \\ 2 & 1 & 0 & 0 & 1 \\ 2 & 1 & 0 & 0 & 1 \\ 2 & 1 & 0 & 1 & 0 \\ 3 & 0 & 1 & 1 & 1 \\ 3 & 1 & 0 & 1 & 1 \\ 3 & 1 & 1 & 1 & 0 \end{pmatrix}$$

```
Count[zs, a_/; a<= 1]
```

5

```
nicum = Map[Count[zs, a_/; a<= #]&, Union[zs]]
```

{5, 9, 12}

```
As = TakeColumns[rA, {2, k + 1}];
As // MatrixForm
```

$$\begin{pmatrix} 0 & 0 & 0 & 1 \\ 0 & 0 & 1 & 0 \\ 0 & 1 & 0 & 0 \\ 1 & 0 & 0 & 0 \\ 1 & 0 & 0 & 0 \\ 0 & 1 & 1 & 0 \\ 1 & 0 & 0 & 1 \\ 1 & 0 & 0 & 1 \\ 1 & 0 & 1 & 0 \\ 0 & 1 & 1 & 1 \\ 1 & 0 & 1 & 1 \\ 1 & 1 & 1 & 0 \end{pmatrix}$$

```
A = TakeRows[As, {1, nicum[[1]]}];
```

Hier ist die Submatrix für diese Subpopulation:

```
A// MatrixForm
```

$$\begin{pmatrix} 0 & 0 & 0 & 1 \\ 0 & 0 & 1 & 0 \\ 0 & 1 & 0 & 0 \\ 1 & 0 & 0 & 0 \\ 1 & 0 & 0 & 0 \end{pmatrix}$$

**ss = Apply[Plus, A]**

{2, 1, 1, 1}

**zs = Apply[Plus, Transpose[A]]**

{1, 1, 1, 1, 1}

**n = Length[zs]**

5

**k = Length[ss]**

4

$$\mathbf{L} = \frac{\prod_{i=1}^{k} \epsilon[i]^{ss[[i]]}}{\prod_{v=1}^{n} \gamma[zs[[v]]]}$$

$$\frac{\epsilon[1]^2 \epsilon[2]\, \epsilon[3]\, \epsilon[4]}{(\epsilon[1] + \epsilon[2] + \epsilon[3] + \epsilon[4])^5}$$

**LnL = Log[L] // PowerExpand**

2 Log[ϵ[1]] + Log[ϵ[2]] + Log[ϵ[3]] + Log[ϵ[4]] -
5 Log[ϵ[1] + ϵ[2] + ϵ[3] + ϵ[4]]

**F = Map[D[LnL, #] &, {ϵ[1], ϵ[2], ϵ[3], ϵ[4]}] // Evaluate;**

**J = Map[D[F, #] &, {ϵ[1], ϵ[2], ϵ[3], ϵ[4]}] // Evaluate;**

$$\mathbf{F2} = \text{Table}\left[ss[[\alpha]] \Big/ \text{Sum}\left[\frac{D[\gamma[zs[[v]]], \epsilon[\alpha]]}{\gamma[zs[[v]]]}, \{v, 1, n\}\right], \{\alpha, 1, k\}\right]$$

$$\left\{\frac{2}{5}(\epsilon[1]+\epsilon[2]+\epsilon[3]+\epsilon[4]),\ \frac{1}{5}(\epsilon[1]+\epsilon[2]+\epsilon[3]+\epsilon[4]),\ \frac{1}{5}(\epsilon[1]+\epsilon[2]+\epsilon[3]+\epsilon[4]),\ \frac{1}{5}(\epsilon[1]+\epsilon[2]+\epsilon[3]+\epsilon[4])\right\}$$

```
a = A;
```

$$\{\epsilon[1], \epsilon[2], \epsilon[3], \epsilon[4]\} = ss \Big/ \sqrt[k]{\prod_{i=1}^{k} ss[[i]]}\ \text{// N}$$

```
{1.68179, 0.840896, 0.840896, 0.840896}
```

```
maxit = 100;
```

```
IT = Table[
  {ϵ[1], ϵ[2], ϵ[3], ϵ[4]} = F2
  , {maxit}];
```

```
F2
```

```
{1.68179, 0.840896, 0.840896, 0.840896}
```

```
F
```

$\{2.22045\times10^{-16},\ 2.22045\times10^{-16},\ 2.22045\times10^{-16},\ 2.22045\times10^{-16}\}$

```
LÖ = IT[[maxit]] // Flatten
```

```
{1.68179, 0.840896, 0.840896, 0.840896}
```

```
ϵ1 = {ϵ[1], ϵ[2], ϵ[3], ϵ[4]} = LÖ/LÖ[[1]]
```

```
{1., 0.5, 0.5, 0.5}
```

```
L1 = L
```

```
0.00128
```

Nun folgt die Schätzung der Schwierigkeitsparameter für die Subpopulation mit r = 2 gelösten Items. Wir selektieren zunächst wieder die entsprechende Submatrix aus der Itemscorematrix für die Gesamtpopulation:

```
A = TakeRows[As, {nicum[[1]] + 1, nicum[[2]]}];

A // MatrixForm
```

$$\begin{pmatrix} 0 & 1 & 1 & 0 \\ 1 & 0 & 0 & 1 \\ 1 & 0 & 0 & 1 \\ 1 & 0 & 1 & 0 \end{pmatrix}$$

```
Clear[ϵ, θ]

ss = Apply[Plus, A]

{3, 1, 2, 2}

zs = Apply[Plus, Transpose[A]]

{2, 2, 2, 2}

n = Length[zs]

4

k = Length[ss]

4
```

$$L = \frac{\prod_{i=1}^{k} \epsilon[i]^{ss[[i]]}}{\prod_{v=1}^{n} \gamma[zs[[v]]]}$$

```
(ϵ[1]^3 ϵ[2] ϵ[3]^2 ϵ[4]^2) / (ϵ[1] ϵ[2] + ϵ[1] ϵ[3] +
    ϵ[2] ϵ[3] + ϵ[1] ϵ[4] + ϵ[2] ϵ[4] + ϵ[3] ϵ[4]) ^
  4

lnL = Log[L] // PowerExpand
```

```
3 Log[ϵ[1]] + Log[ϵ[2]] + 2 Log[ϵ[3]] + 2 Log[ϵ[4]] -
  4 Log[ϵ[1] ϵ[2] + ϵ[1] ϵ[3] + ϵ[2] ϵ[3] + ϵ[1] ϵ[4] +
     ϵ[2] ϵ[4] + ϵ[3] ϵ[4]]
```

```
F = Map[D[LnL, #]&, {ϵ[1], ϵ[2], ϵ[3], ϵ[4]}] // Evaluate;
```

```
J = Map[D[F, #]&, {ϵ[1], ϵ[2], ϵ[3], ϵ[4]}] // Evaluate;
```

$$F2 = \text{Table}\left[ss[[\alpha]] \Big/ \text{Sum}\left[\frac{D[\gamma[zs[[v]]], \epsilon[\alpha]]}{\gamma[zs[[v]]]}, \{v, 1, n\}\right], \{\alpha, 1, k\}\right]$$

$$\left\{\frac{3\,(\epsilon[1]\,\epsilon[2] + \epsilon[1]\,\epsilon[3] + \epsilon[2]\,\epsilon[3] + \epsilon[1]\,\epsilon[4] + \epsilon[2]\,\epsilon[4] + \epsilon[3]\,\epsilon[4])}{4\,(\epsilon[2] + \epsilon[3] + \epsilon[4])},\right.$$
$$\frac{\epsilon[1]\,\epsilon[2] + \epsilon[1]\,\epsilon[3] + \epsilon[2]\,\epsilon[3] + \epsilon[1]\,\epsilon[4] + \epsilon[2]\,\epsilon[4] + \epsilon[3]\,\epsilon[4]}{4\,(\epsilon[1] + \epsilon[3] + \epsilon[4])},$$
$$\frac{\epsilon[1]\,\epsilon[2] + \epsilon[1]\,\epsilon[3] + \epsilon[2]\,\epsilon[3] + \epsilon[1]\,\epsilon[4] + \epsilon[2]\,\epsilon[4] + \epsilon[3]\,\epsilon[4]}{2\,(\epsilon[1] + \epsilon[2] + \epsilon[4])},$$
$$\left.\frac{\epsilon[1]\,\epsilon[2] + \epsilon[1]\,\epsilon[3] + \epsilon[2]\,\epsilon[3] + \epsilon[1]\,\epsilon[4] + \epsilon[2]\,\epsilon[4] + \epsilon[3]\,\epsilon[4]}{2\,(\epsilon[1] + \epsilon[2] + \epsilon[3])}\right\}$$

```
a = A;
```

$$\{\epsilon[1], \epsilon[2], \epsilon[3], \epsilon[4]\} = ss \Big/ \sqrt[k]{\prod_{i=1}^{k} ss[[i]]} \;//\; N$$

```
{1.61185, 0.537285, 1.07457, 1.07457}
```

```
maxit = 100;
```

```
IT = Table[
   {ϵ[1], ϵ[2], ϵ[3], ϵ[4]} = F2
   , {maxit}];
```

```
F
```

```
{0., 0., 0., 0.}
```

```
LÖ = IT[[maxit]] // Flatten
```

```
{2.16259, 0.407822, 0.939123, 0.939123}
```

```
ϵ2 = {ϵ[1], ϵ[2], ϵ[3], ϵ[4]} = LÖ/LÖ[[1]]

{1., 0.18858, 0.434259, 0.434259}

L2 = L

0.00169932
```

Kommen wir nun zur Schätzung der Schwierigkeitsparameter für die Subpopulation mit r = 3 (= k-1) gelösten Items. Wir selektieren zunächst wieder die entsprechende Submatrix aus der Itemscorematrix für die Gesamtpopulation:

```
nicum[[2]]

9

As

{{0, 0, 0, 1}, {0, 0, 1, 0}, {0, 1, 0, 0}, {1, 0, 0, 0},
 {1, 0, 0, 0}, {0, 1, 1, 0}, {1, 0, 0, 1}, {1, 0, 0, 1},
 {1, 0, 1, 0}, {0, 1, 1, 1}, {1, 0, 1, 1}, {1, 1, 1, 0}}
```

Die Submatrix:

```
A = TakeRows[As, {nicum[[2]] + 1, nicum[[3]]}];
A // MatrixForm
```

$$\begin{pmatrix} 0 & 1 & 1 & 1 \\ 1 & 0 & 1 & 1 \\ 1 & 1 & 1 & 0 \end{pmatrix}$$

```
Clear[ϵ, θ]

ss = Apply[Plus, A]

{2, 2, 3, 2}

zs = Apply[Plus, Transpose[A]]
```

```
{3, 3, 3}
```

```
n = Length[zs]
```

```
3
```

```
k = Length[ss]
```

```
4
```

$$L = \frac{\prod_{i=1}^{k} \epsilon[i]^{ss[[i]]}}{\prod_{v=1}^{n} \gamma[zs[[v]]]}$$

$$\frac{\epsilon[1]^2\,\epsilon[2]^2\,\epsilon[3]^3\,\epsilon[4]^2}{(\epsilon[1]\,\epsilon[2]\,\epsilon[3] + \epsilon[1]\,\epsilon[2]\,\epsilon[4] + \epsilon[1]\,\epsilon[3]\,\epsilon[4] + \epsilon[2]\,\epsilon[3]\,\epsilon[4])^3}$$

```
LnL = Log[L] // PowerExpand
```

$$2\,\mathrm{Log}[\epsilon[1]] + 2\,\mathrm{Log}[\epsilon[2]] + 3\,\mathrm{Log}[\epsilon[3]] + 2\,\mathrm{Log}[\epsilon[4]] - 3\,\mathrm{Log}[\epsilon[1]\,\epsilon[2]\,\epsilon[3] + \epsilon[1]\,\epsilon[2]\,\epsilon[4] + \epsilon[1]\,\epsilon[3]\,\epsilon[4] + \epsilon[2]\,\epsilon[3]\,\epsilon[4]]$$

```
F = Map[D[LnL, #]&, {ϵ[1], ϵ[2], ϵ[3], ϵ[4]}] // Evaluate;
```

```
J = Map[D[F, #]&, {ϵ[1], ϵ[2], ϵ[3], ϵ[4]}] // Evaluate;
```

$$F2 = \mathrm{Table}\left[ss[[\alpha]] \Big/ \mathrm{Sum}\left[\frac{D[\gamma[zs[[v]]], \epsilon[\alpha]]}{\gamma[zs[[v]]]}, \{v, 1, n\}\right], \{\alpha, 1, k\}\right]$$

$$\Big\{\frac{2\,(\epsilon[1]\,\epsilon[2]\,\epsilon[3] + \epsilon[1]\,\epsilon[2]\,\epsilon[4] + \epsilon[1]\,\epsilon[3]\,\epsilon[4] + \epsilon[2]\,\epsilon[3]\,\epsilon[4])}{3\,(\epsilon[2]\,\epsilon[3] + \epsilon[2]\,\epsilon[4] + \epsilon[3]\,\epsilon[4])},$$
$$\frac{2\,(\epsilon[1]\,\epsilon[2]\,\epsilon[3] + \epsilon[1]\,\epsilon[2]\,\epsilon[4] + \epsilon[1]\,\epsilon[3]\,\epsilon[4] + \epsilon[2]\,\epsilon[3]\,\epsilon[4])}{3\,(\epsilon[1]\,\epsilon[3] + \epsilon[1]\,\epsilon[4] + \epsilon[3]\,\epsilon[4])},$$
$$\frac{\epsilon[1]\,\epsilon[2]\,\epsilon[3] + \epsilon[1]\,\epsilon[2]\,\epsilon[4] + \epsilon[1]\,\epsilon[3]\,\epsilon[4] + \epsilon[2]\,\epsilon[3]\,\epsilon[4]}{\epsilon[1]\,\epsilon[2] + \epsilon[1]\,\epsilon[4] + \epsilon[2]\,\epsilon[4]},$$
$$\frac{2\,(\epsilon[1]\,\epsilon[2]\,\epsilon[3] + \epsilon[1]\,\epsilon[2]\,\epsilon[4] + \epsilon[1]\,\epsilon[3]\,\epsilon[4] + \epsilon[2]\,\epsilon[3]\,\epsilon[4])}{3\,(\epsilon[1]\,\epsilon[2] + \epsilon[1]\,\epsilon[3] + \epsilon[2]\,\epsilon[3])}\Big\}$$

```
a = A;
```

```
{ε[1], ε[2], ε[3], ε[4]} = ss / (Product[ss[[i]], {i, 1, k}])^(1/k) // N
```

$$\{\varepsilon[1], \varepsilon[2], \varepsilon[3], \varepsilon[4]\} = ss \Big/ \sqrt[k]{\prod_{i=1}^{k} ss[[i]]} \;//\; N$$

```
{0.903602, 0.903602, 1.3554, 0.903602}
```

```
F
```

```
{-0.201215, -0.201215, 0.40243, -0.201215}
```

```
maxit = 100;

IT = Table[
  {ε[1], ε[2], ε[3], ε[4]} = F2
  , {maxit}];
```

Bei der Betrachtung der Funktionswerte von F fällt auf, daß das Verfahren hier schlecht konvergiert oder sogar divergiert:

```
F
```

```
{-0.0223325, -0.0223325, 0.00130092, -0.0223325}
```

```
LÖ = IT[[maxit]] // Flatten
```

```
{0.28796, 0.28796, 14.8299, 0.28796}
```

```
ε3 = {ε[1], ε[2], ε[3], ε[4]} = LÖ / LÖ[[1]]
```

```
{1., 1., 51.5, 1.}
```

Da das dritte Item von allen gelöst wurde, gilt $\hat{\varepsilon}^{(3)}{}_3 = \infty$, weshalb das Fixpunktverfahren divergiert. Wir definieren deshalb den Schätzer neu.

```
ε3 = {1., 1., ∞, 1.}
```

```
{1., 1., ∞, 1.}
```

```
L3 = L
```

0.0363271

Der Likelihoodquotient hat den Wert:

$$\lambda = \frac{Lg}{L1 * L2 * L3}$$

0.318591

Es erfolgt die Berechnung der Realisierung der mit (k-1)(k-2) Freiheitsgraden asymptotisch Chi-Quadrat verteilten Zufallsvariable Z. Danach berechnen wir den p-Wert für den Modell-Anpassungstest. Es sei nochmals erwähnt, daß für diesen Test eigentlich ein größerer Stichprobenumfang (n > 20) benötigt würde. Hier soll aber nur die Vorgehensweise dargestellt werden.

```
z = -2 Log[λ]
```

2.2877

```
Needs["Statistics`Master`"]

Prob = 1 - CDF[ChiSquareDistribution[(k - 1) (k - 2)], z]
```

0.89143

Wie zu sehen ist, kann die Nullhypothese, daß das Raschmodell für unseren Test gilt, auf dem üblichen Niveau für Anpassungstests von 20% nicht verworfen werden (Prob > 0.20).

## 2.4.2 Grafische Modellkontrolle

Die grafische Modellkontrolle beruht ebenfalls auf der stichprobenunabhängigen Schätzung der Schwierigkeitsparameter $\sigma_i$. Dabei werden in einem kartesischen Koordinatensystem die Wertepaare $(\hat{\sigma}_i, \hat{\sigma}_i^{(r)})$ aufgetragen ($\hat{\sigma}_i^{(r)}$ sind die Schätzer für die Teilstichprobe mit der Zeilensumme r). Diese müßten dann in etwa auf der 1. Winkelhalbierenden liegen. Wir verwenden die Schätzer aus dem vorhergehenden Beispiel.

```
<<Graphics`MultipleListPlot`

list1 = -Log[{eg, e1}] // Transpose

{{0., 0.}, {0.924941, 0.693147}, {0.295371, 0.693147},
 {0.601196, 0.693147}}

list2 = -Log[{eg, e2}] // Transpose

{{0., 0.}, {0.924941, 1.66823}, {0.295371, 0.834115}, {0.601196, 0.834115}}

list3 = -Log[{eg, e3}] // Transpose

{{0., 0.}, {0.924941, 0.}, {0.295371, -∞}, {0.601196, 0.}}
```

In der folgenden Grafik stellen wir die Schätzer für den Fall r = 3 nicht dar, da die dritte Aufgabe in dieser Gruppe von allen gelöst wurde ($\hat{\sigma}^{(3)}{}_3 = -\infty$).

```
MultipleListPlot[list1, list2]
```

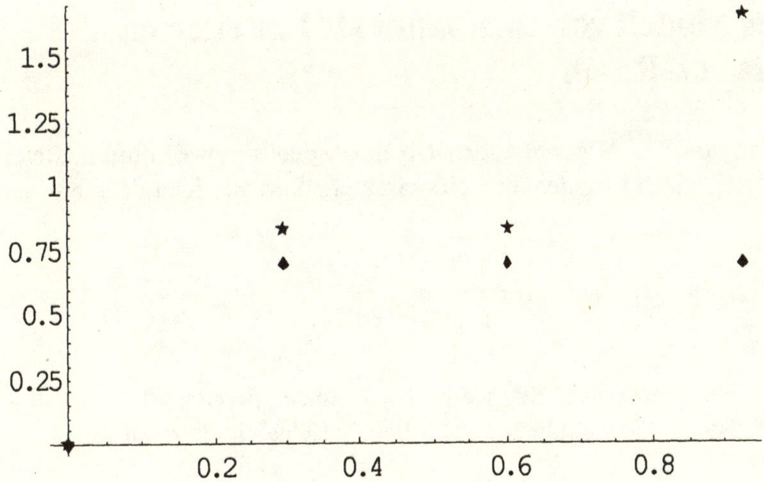
1.5
1.25
1
0.75
0.5
0.25
0.2
0.4
0.6
0.8

## 2.5 Das Modell von Birnbaum als Erweiterung des Modells von Rasch

Das Modell von Rasch ist ein Spezialfall des Modells von Birnbaum. Beim Modell von Birnbaum werden die Itemcharakteristiken wie folgt definiert:

$$P(A_{vi} = 1 \mid \alpha_i, \ \xi_v, \sigma_i) = f_i(\xi_v) = \frac{e^{\alpha_i(\xi_v - \sigma_i)}}{1 + e^{\alpha_i(\xi_v - \sigma_i)}}$$

Es gibt somit zusätzlich für jedes Item einen Parameter $\alpha_i$ in der Modellgleichung. Dabei ergibt sich die folgende Likelihoodfunktion:

$$L(\alpha_i, \ \xi_v, \sigma_i) = P(A \mid \alpha_i, \ \xi_v, \sigma_i) = \prod_v \prod_i f_i(\xi_v)^{a_{vi}} (1 - f_i(\xi_v))^{1-a_{vi}}$$

Durch Logarithmieren und partielles Ableiten der Likelihoodfunktion nach allen Parametern ergibt sich die notwendige Bedingung für das Maximum von L durch:

$$\frac{\partial \ln L}{\partial \alpha_i} = \sum_v (a_{vi} - f_i(\xi_v)\xi_v = 0 \quad \text{für } i = 1, \ldots, k$$

$$\frac{\partial \ln L}{\partial \sigma_i} = \sum_v (a_{vi} - f_i(\xi_v)) = 0 \quad \text{für } i = 1, \ldots, k$$

$$\frac{\partial \ln L}{\partial \xi_v} = \sum_i (a_{vi} - f_i(\xi_v)\alpha_i = 0 \quad \text{für } v = 1, \ldots, n$$

Die Berechnung der Schätzung der Parameter muß hier ebenfalls über ein numerisches Verfahren durchgeführt werden.

# 3 Das BTL-Modell zum Einsatz in der Markt- und Meinungsforschung

Das BTL Modell (benannt nach Bradley und Terry (1952) sowie nach Luce (1959)), welches in diesem Kapitel vorgestellt wird, kann in der Markt- und Meinungsforschung verwendet werden. Dabei werden n Personen von k Produkten (z.B. Haarwaschmittel verschiedener Hersteller) jeweils 2 Produkte $O_i$ und $O_j$ vorgestellt. Die Personen müssen sich dann jeweils für eines der beiden Produkte entscheiden. Dabei sollen die Personen bestimmte Eigenschaften des Produktes (z.B. die Qualität) berücksichtigen. Jede Person v bekommt somit $\binom{k}{2}$ Produkte vorgelegt. Das Ergebnis der Auswahl kann wieder in einer Matrix erfaßt werden. Dabei gilt:

$$a_{vij} = \begin{cases} 1, \text{falls die Person v das Produkt } O_i \text{ dem Produkt } O_j \text{ vorgezogen hat} \\ 0, \text{falls die Person v das Produkt } O_j \text{ dem Produkt } O_i \text{ vorgezogen hat} \end{cases}$$

Diese kann in einer Tabelle der folgenden Form dargestellt werden:

| Peron/Paare | (1,2) | (1,3) | ... | (k-1,k) |
|---|---|---|---|---|
| 1 | $a_{112}$ | $a_{113}$ | ... | $a_{1\,k-1\,k}$ |
| 2 | $a_{212}$ | $a_{213}$ | ... | $a_{2\,k-1\,k}$ |
| ... | ... | ... | ... | ... |
| n | $a_{n12}$ | $a_{n13}$ | ... | $a_{n\,k-1\,k}$ |
| Spaltensumme | $s_{12}$ | $s_{13}$ | ... | $s_{k-1\,k}$ |

Hierbei gilt: $s_{ij} = \sum_v a_{vij}$

Es wird vorausgesetzt, daß sich die Beurteilungen nur „zufällig" unterscheiden. Außerdem wird angenommen, daß, falls die (zu beurteilende) Eigenschaft des Objektes $O_i$ gegenüber dem Objekt $O_j$ dominiert, das Objekt $O_i$ vorgezogen wird. Dabei geht man von dem folgenden Modell aus:

$$P(A_{vij} = 1 \mid \theta_i, \theta_j) = \frac{\theta_i}{\theta_i + \theta_j}$$

bzw.

$$P(A_{vij} = 0 \mid \theta_i, \theta_j) = 1 - P(A_{vij} = 1 \mid \theta_i, \theta_j) = \frac{\theta_j}{\theta_i + \theta_j}$$

Oder allgemein:

$$P(A_{vij} = a_{vij} \mid \theta_i, \theta_j) = \frac{\theta_i^{a_{vij}} \theta_j^{1-a_{vij}}}{\theta_i + \theta_j}$$

Da die Spaltensummen $s_{ij}$ alle als Realisierungen von unabhängig binomialverteilten Zufallsvariablen angesehen werden können, könnten die Parameter über die Gleichung

$$\frac{s_{ij}}{n} = \frac{\tilde{\theta}_i}{\tilde{\theta}_i + \tilde{\theta}_j}$$

geschätzt werden. Dabei erhält man allerdings für k Schätzer $\binom{k}{2}$ Gleichungen. Aus diesem Grund sollten besser die im folgenden vorgestellten ML Schätzer verwendet werden. Diese sind auch nicht eindeutig, aber mit der Normierung $\hat{\theta}_1 = 1$ erhält man eine eindeutige reelle Lösung bei der Maximierung der Likelihoodfunktion.

Die ML Schätzer erhält man durch maximieren der folgenden Likelihoodfunktion:

$$L(\vec{\theta}) = P(A|\vec{\theta}) = \prod_{i<j}\prod_{v} \frac{\theta_i^{a_{vij}}\theta_j^{1-a_{vij}}}{(\theta_i + \theta_j)^n} = \prod_{i<j} \frac{\theta_i^{s_{ij}}\theta_j^{n-s_{ij}}}{(\theta_i + \theta_j)^n}$$

Es kann gezeigt werden, das die Spaltensummen $s_{ij}$ erschöpfende Statistiken für die Parameter $\theta_i$ sind. Wir werden diese Likelihoodfunktion L nun im folgenden Mathematica Beispiel maximieren und somit die Schätzer bestimmen. Dazu gehen wir von k = 3 Produkten aus, die n = 6 Personen paarweise vergleichen sollen:

```
A = {{1, 0, 0}, {0, 1, 0}, {0, 1, 0},
   {0, 0, 1}, {0, 1, 0}, {1, 0, 0}};
A // TableForm
```

```
1    0    0
0    1    0
0    1    0
0    0    1
0    1    0
1    0    0
```

```
n = Length[A]
```

```
6
```

```
k = Length[Transpose[A]]
```

```
3
```

Es folgt die Berechnung der Spaltensummen und die Definition der Likelihoodfunktion L:

```
{s[1, 2], s[1, 3], s[2, 3]} = Apply[Plus, A]
```

```
{2, 3, 1}
```

$$L = \prod_{j=2}^{k} \prod_{i=1}^{j-1} \frac{\theta[i]^{s[i,j]} * \theta[j]^{n-s[i,j]}}{(\theta[i] + \theta[j])^{n}}$$

$$\frac{\theta[1]^5 \theta[2]^5 \theta[3]^8}{(\theta[1] + \theta[2])^6 (\theta[1] + \theta[3])^6 (\theta[2] + \theta[3])^6}$$

Zu Vereinfachung logarithmieren wir wieder die Likelihoodfunktion, bevor wir diese partiell nach den Parametern ableiten.

```
lnL = Log[L] // PowerExpand
```

```
5 Log[θ[1]] + 5 Log[θ[2]] -
  6 Log[θ[1] + θ[2]] + 8 Log[θ[3]] -
  6 Log[θ[1] + θ[3]] - 6 Log[θ[2] + θ[3]]
```

```
grad = Map[D[lnL, #]&, {θ[1], θ[2], θ[3]}]
```

$$\left\{\frac{5}{\theta[1]} - \frac{6}{\theta[1] + \theta[2]} - \frac{6}{\theta[1] + \theta[3]},\ \frac{5}{\theta[2]} - \frac{6}{\theta[1] + \theta[2]} - \frac{6}{\theta[2] + \theta[3]},\ \frac{8}{\theta[3]} - \frac{6}{\theta[1] + \theta[3]} - \frac{6}{\theta[2] + \theta[3]}\right\}$$

Es gilt: die Matrix der zweiten partiellen Ableitungen nach den Schätzern ist die negative empirische Varianz Kovarianz Matrix der Schätzer.

```
Cov = -Map[D[grad, #]&, {θ[1], θ[2], θ[3]}]
```

$$\left\{\left\{\frac{5}{\theta[1]^2}-\frac{6}{(\theta[1]+\theta[2])^2}-\frac{6}{(\theta[1]+\theta[3])^2},\ -\frac{6}{(\theta[1]+\theta[2])^2},\ -\frac{6}{(\theta[1]+\theta[3])^2}\right\},\right.$$
$$\left\{-\frac{6}{(\theta[1]+\theta[2])^2},\ \frac{5}{\theta[2]^2}-\frac{6}{(\theta[1]+\theta[2])^2}-\frac{6}{(\theta[2]+\theta[3])^2},\ -\frac{6}{(\theta[2]+\theta[3])^2}\right\},$$
$$\left.\left\{-\frac{6}{(\theta[1]+\theta[3])^2},\ -\frac{6}{(\theta[2]+\theta[3])^2},\ \frac{8}{\theta[3]^2}-\frac{6}{(\theta[1]+\theta[3])^2}-\frac{6}{(\theta[2]+\theta[3])^2}\right\}\right\}$$

Wir normieren $\hat{\theta}_1 = 1$. Danach lösen wir das Gleichungssystem für die Schätzer $\hat{\theta}_i$ der Parameter $\theta_i$.

```
θ[1] = 1;
```

```
Lö = Solve[grad == {0, 0, 0}]
```

$$\{\{\theta[2]\to 1,\ \theta[3]\to 2\},\ \left\{\theta[2]\to\frac{1}{35}\left(-17-6\,I\sqrt{26}\right),\ \theta[3]\to\frac{1}{5}\left(-3+I\sqrt{26}\right)\right\},\ \left\{\theta[2]\to\frac{1}{35}\left(-17+6\,I\sqrt{26}\right),\ \theta[3]\to\frac{1}{5}\left(-3-I\sqrt{26}\right)\right\}\}$$

Die reelle Lösung der Gleichung stellt unsere Schätzer dar:

```
{θ[2], θ[3]} = {θ[2], θ[3]} /. Lö[[1]]
```

```
{1, 2}
```

Es ergeben sich somit die folgenden Schätzungen für die Parameter:

$\hat{\theta}_1 = 1; \hat{\theta}_2 = 1; \hat{\theta}_3 = 2;$

Da die Parameter $\theta_i$ die zu bewertende Eigenschaft der Produkte erfassen, kann angenommen werden, daß diese Eigenschaft beim dritten Produkt gegenüber den ersten beiden Produkten dominiert. Dies wird auch bei der Betrachtung der unteren Matrix der Wahrscheinlichkeiten deutlich. Die Wahrscheinlichkeiten dafür, daß das dritte Produkt gegenüber dem ersten und dem zweiten (in Bezug auf diese Eigenschaft) bevorzugt wird (d.h. $P(A_{v31} = 1 \mid \theta_3, \theta_1)$ und $P(A_{v32} = 1 \mid \theta_3, \theta_1)$) wird jeweils mit rund 66,7% geschätzt. Kommen wir also zur Berechnung der geschätzten Wahrscheinlichkeiten für $P(A_{vij} = 1 \mid \theta_i, \theta_j)$ und stellen diese in einer Matrix dar. Zusätzlich geben wir noch die empirische Varianz Kovarianz Matrix aus:

$$P[\{i\_, j\_\}] := \frac{\theta[i]}{\theta[i] + \theta[j]}$$

```
Table[If[i == j, x, P[{i, j}]],
  {i, 1, k}, {j, 1, k}] //
 MatrixForm
```

$$\begin{pmatrix} x & \frac{1}{2} & \frac{1}{3} \\ \frac{1}{2} & x & \frac{1}{3} \\ \frac{2}{3} & \frac{2}{3} & x \end{pmatrix}$$

```
Cov // N // MatrixForm
```

$$\begin{pmatrix} 2.83333 & -1.5 & -0.666667 \\ -1.5 & 2.83333 & -0.666667 \\ -0.666667 & -0.666667 & 0.666667 \end{pmatrix}$$

Da die geschätzten Varianzen der Parameterschätzer auf der Hauptdiagonalen der oberen Matrix stehen, könnten nun, wie im Rasch Modell, Konfidenzintervalle für die Parameter bestimmt werden.

# 4 Index

# 5 Notation

- Zufallsvariablen sind groß geschrieben (z.B. X) und Realisierungen jener klein (z.B. x).
- Parameter (von Verteilungen) werden mit griechischen Buchstaben beschrieben (z.B. θ) und Schätzer dieser Parameter werden durch ein Dach über diesem Buchstaben gekennzeichnet (z.B. $\hat{\theta}$).
- Spaltensummen einer Matrix $A = (a_{vi})_{v=1,\dots,n;i=1,\dots,k}$ werden mit $a_{0i}$ (i = 1,2, ..., k) Zeilensummen mit $a_{v0}$ (v = 1, 2, ..., n) bezeichnet.
- $\mathbb{R}$ bezeichnet die Reellen Zahlen und $\mathbb{N}$ die natürlichen Zahlen.
- Vektoren werden mit einem Pfeil angedeutet (z.B. $\vec{a}$).

# 6 Literatur


[1] F.M. Ford & M.R. Novick: Statistical Theories of Mental Text Scores, Addison-Wesley

[2] G.H. Fischer (Hrsg.): Psychologische Testtheorie, Bern Huber

[3] G.H. Fischer: Einführung in die Theorie psychologischer Tests, Bern Huber

[4] Bosch: Statistik Taschenbuch; Oldenbourg Verlag; 2. Auflage

[5] Hartung: Statistik; Oldenbourg Verlag; 7. Auflage

[6] Kofler: Mathematica; Addison-Wesley

[7] Sachs: Angewandte Statistik; Springer Verlag; 8. Auflage

[8] Schuchmann, Sanns: Statistik mit Mathematica, Oldenbourg 1999

[9] Schuchmann, Sanns: Nichtparametrische Statistik mit Mathematica, Oldenbourg 1999

[10] Wolfram: Mathematica; Addison-Wesley; 2. Auflage

www.ingramcontent.com/pod-product-compliance
Lightning Source LLC
LaVergne TN
LVHW042248300926
849161LV00003B/518
* 9 7 8 3 4 8 6 2 5 2 6 8 2 *